HERITAGE RAILWAY AND

世界鐵道
大探索
2

FEATURED RAILWAY

WORLDWIDE

世界 的
觀光鐵道

精選 30 多個文化資產鐵道 2

與 15 條觀光鐵道

著 蘇 昭 旭

打開全球鐵道文化資產與
鐵道觀光發展的新視野

這本書的內容，其實是「觀光鐵道」與「文化資產鐵道」兩本書的綜合體，內容非常的多。坦白說，如果文化資產鐵道要單獨出版，恐怕有市場上的困難，因為國人對於文化資產鐵道不了解，書名只好以「觀光鐵道」面市。不過世界知名且經典的觀光鐵道，許多仍是以文化資產鐵道來做為賣點，使得本書更有別於鐵道主題旅遊圖書，也是我做為長期關注與呼籲保存台鐵退役車輛的角色，更應該要書寫的角度。

因此本書內容以文化資產鐵道為重點，分析文化資產鐵道與觀光鐵道兩者的差異，並以我二十多年環遊世界鐵道的經驗與研究，為台灣讀者帶來世界各國「觀光鐵道」與「文化資產鐵道」的案例，讓大家對文化資產鐵道有更多更清楚的認識。

鐵道原本是交通運輸的一環，但是當鐵道已經逐步失去競爭力，被平行的公路或新運具所取代，這時原有鐵道在沉重的沉沒成本壓力下，幾乎不可能維持營運，或是已經廢線，不具運輸的功能，這時賦予文化資產保存，歷史活化的角色，以動態的博物館的方式獲得收益，成為旅遊景點可以讓它重獲新生，故稱之為文化資產鐵道。以台灣為實例，台糖的舊鐵道、台灣的舊山線，與阿里山森林鐵路即屬之。因此，文化資產鐵道帶有濟弱扶傾的俠客精神，同時具備交通工具與文化資產兩種屬性，並非以交通工具為主，而是以保存文化資產為主要目的。

其實，在我認為，「觀光鐵道」與「文化資產鐵道」，兩者是不一樣的概念。觀光鐵道是建立一種「精緻的服務」，透過鐵道運行以創造營收為目的，搭配的地景很重要。例如「仲夏寶島號」是在原本的花東線鐵路上，讓花東美景與火車組合，而「藍皮解憂號」是在原本的南迴線鐵路上，讓山海美景與火車組合，成為一種高價精緻的火車服務，讓人賞心悅目。

而文化資產鐵道則不然，是建立一套「動態的博物館」，透過鐵道活動收入，以保存文化資產為目的，營收與地景反倒是其次。例如虎尾糖廠的馬公厝線、台糖客運小火車等，車輛是無空調速度很慢的骨董車輛，地景就是一般農村田野，價格與服務，實在很難與觀

光鐵道相提並論，卻不能因此而忽略其珍貴性。而我們的阿里山森林鐵路卻很幸運，兩者兼容並具，同時具備觀光鐵道的營收目的與文化資產鐵道的保存特質。本書也列舉了許多不同類型的文化資產鐵道，有登山鐵道、森林鐵道，以及被登錄世界遺產的鐵道等，它們都具有世界唯一的獨特性，可能是路線工法的特殊、歷史遺跡的保存良好、歷史事件的發生地等等，了解它們，就好像進入了歷史與科技發展的時光機，令人驚嘆連連。

因著對鐵道的熱愛，二十多年來，我建立了一套鐵道資料庫，建立一套鐵道知識「分類學」，如同製作一套字典與百科全書，我把它稱為「鐵道智庫全書」，放在交通科學技術博物館的「線上資料庫」平台供大眾瀏覽。我經常受到各界邀請去演講，我也毫無保留的將我的經驗及研究跟大家分享。早年多出版有關台灣鐵道與其他熱門的觀光鐵道圖書為主，如今仍期望台灣文化資產鐵道能朝向國際化的路前進，故以自己在世界各國鐵道的研究與統計，以案例分析的方式，提供國人一個認識台灣鐵道

的新視野，因此規劃了《世界鐵道大探索》系列共四本圖書。

感謝各界鐵道職人及鐵道迷多年的支持，以及木馬文化給予本次機會，這二十多年的努力研究成果付梓，只期望造福人群，給您前所未有的大視野，打開您的火車世界觀。

蘇昭旭

每個人都有一個火車故事，
但火車的世界中，卻只有一個蘇昭旭

歷經一年多的時間，將蘇昭旭老師畢生的鐵道智慧編輯完成即將付梓之際，作為編輯出版的一方，滿足與喜悅的感受著實滿溢。作為編輯，在這段期間和蘇老師的書稿以及一張張的照片相處，這些不僅僅是蘇老師多年智慧的集結，而在過程中蘇老師嚴謹的分類、比對，整個團隊能夠和這樣一位知識豐厚又謙沖內斂，專注行事的專家一起工作，是作為編輯者十分滿足的經驗。

滿滿的喜悅，因著這個系列的出版，我們知道喜愛鐵道、想要更認識鐵道的大小朋友有福了。

・每個人都有火車記憶・

在這個鐵道探索系列的編寫過程中，我們聽了許多和火車、鐵道相關的知識和故事，蘇老師著作等身，毫不吝惜的分享他的鐵道知識，但背後的故事其實每一個都讓人津津樂道，仔細想想，我們每個人都有屬於自己的鐵道故事。我也想到一個，並且發現其中令人無法忽略的緣分。

時序即將邁入 2010 年，有一段時間我在日本大阪堺市頻繁地坐著阪堺電車，有一天一位日本鐵道迷用中文和我聊了起來，原來他曾經來台灣學中文，聽到我們的台灣腔很是親切，這位先生從隨身帶著的厚厚一疊在日本各處拍攝的火車照片中，挑了兩張送給我身旁，當時年幼並熱切看著火車的孩子。這個邂逅是我難忘的記憶。

十年後，2020 年初，我在台北象山農場聽蘇昭旭老師演講。從事編輯工作多年，對蘇昭旭老師的鐵道專業仰慕已久，懷著孺慕之情趕赴這場演說，蘇老師娓娓道來每一張照片背後的故事，這些故事發生在英國、德國、瑞士、羅馬尼亞、台灣、日本……每張照片都有按下快門的理由，也有追逐火車的專注和驚險，有在火車上、在月台上一個又一個相識不相識的出乎意料，而聆聽演講的大孩子、小孩子，一個又一個熱切關注的雙眼，也都得到蘇老師細心又耐心的回應。演講後我詢問蘇老師，有沒有榮幸，讓木馬文化能和老師一起，把來自台灣走進世界鐵道的珍貴踏查，留下珍貴的紀錄。

這場演講之後，整個世界都因為疫情而變得不太一樣，我們不一定能輕易

又輕鬆的在國內國外搭火車，然而幸運的是，我們開始埋頭工作、為重要的鐵道知識做傳承的準備。

・蘇昭旭的火車知識・

於是就在疫情起伏的時刻，歷經兩年，蘇老師追逐火車的智慧在木馬文化成書。「大家都喜歡聽故事，我們把這些故事告訴大家。」編輯部曾經這樣提議。「但是火車的世界裡，最重要的是知識，也是我的職志」，作為曾經榮獲金鼎獎的作家，鐵道文化資產的倡議者，蘇昭旭老師在這系列書中為我們演繹鐵道工作者身為職人的堅持，而這個職志從孩童開始到頭髮漸白從未改變，不僅如此，書中一張張的機械構造、車輛速寫、地圖等手稿都來自蘇昭旭老師親手所繪，我們很清楚的知道，這本書的出版，是蘇昭旭老師日夜努力不懈的成果。

這本書的編輯過程，我們看到蘇昭旭老師將畢生累積的知識無私的貢獻；我們也見證了蘇昭旭老師是第一流的鐵道編目專家，每一段文字每一張照片都經過老師仔細調整與確認，在這個橫跨機械、歷史與人文的鐵道領域，不僅僅讓我們認識鐵道知識，也是從台灣出發認識世界的作品。

今年是台灣鐵道觀光年，火車的魅力不分國界，火車的故事也不曾停歇，這個系列書的出版，是陪伴和邀請大家，進入鐵道的世界，書中有蘇昭旭老師豐厚的鐵道知識、也是可以按圖索驥的知識寶典，木馬文化非常榮幸能參與此書的出版，就從我們打開這本書的扉頁開始，讓我們一步一步豐厚屬於自己的鐵道故事。

—— 木馬文化　陳怡璇

- 作者序——打開全球鐵道文化資產與鐵道觀光發展的新視野 ……………… 6
- 出版序——每個人都有一個火車故事，但火車的世界中，卻只有一個蘇昭旭 … 8

第 ① 章

認識文化資產鐵道與觀光鐵道
INTRODUCTION
10

- 文化資產鐵道的特性 ………………… 12
- 觀光鐵道的營運特性 ………………… 15
- 文化資產鐵道和觀光鐵道的差異 ………… 18
- 文化產業導向與運輸服務導向兩者的差異 …… 21
- 觀光鐵道經營的 3S 賣點 …………… 24
- 文化資產鐵道的亮點——登山鐵道 ………… 27
- 文化資產鐵道的亮點——森林鐵道 ………… 30
- 聯合國教科文組織登錄的世界遺產鐵道 ……… 32
- 台灣的鐵道世界遺產潛力點
　——阿里山鐵路與舊山線鐵路 …………… 35

觀光鐵道與文化資產鐵道的內涵示意表 ………… 19
鐵道營運服務面向之比較表 ………………… 23
七條世界文化遺產登山鐵道的五大工法統計表 …… 29
阿里山森林鐵路與世界遺產登山鐵道的基本資料比較表 34

第 ② 章

台灣的文化資產鐵道與觀光鐵道
TAIWAN HERITAGE RAILWAY AND FEATURED RAILWAY
38

文化資產鐵道案例

- 阿里山森林鐵路 ……………………… 41
- 糖廠小火車 …………………………… 45

觀光鐵道案例

- 台鐵花東線鐵路——仲夏寶島號 ………… 51
- 台鐵南迴線鐵路——藍皮解憂號 ………… 56
- 台鐵的奢華火車——鳴日號 …………… 59

第 ③ 章

文化資產鐵道的誕生地——英國
HERITAGE RAILWAY OF UNITED KINGDOM
62

- 文化資產鐵道的源起 ………………… 64
- 霍格華茲列車與格蘭芬蘭拱橋
　The Jacobite Railway ……………… 67
- 藍鐘蒸汽火車之旅
　Bluebell Railway ………………… 71
- 英國鐵路最高點——史諾頓登山鐵道
　Snowdon Mountain Railway ………… 76
- 威爾斯高地的窄軌鐵道傳奇
　The Great Little Train of Wales ……… 78

第 ④ 章

歐洲文化資產鐵道案例　80
HERITAGE RAILWAY OF EUROPE

- 歐洲的文化資產鐵道……………………………… 82
- 1998 年世界遺產──奧地利薩瑪琳山岳鐵道… 83
  Semmeringbahn
- 東西德邊境的制高點──德國布洛肯登山鐵道 87
  Harzer Schmalspur Bahnen
- 世界最陡的登山鐵路──瑞士皮拉特斯山鐵道 91
  Pilatus Bahn
- 羅馬尼亞的上維塞烏森林鐵路……………… 94
  Mocanita
- 斯洛伐克的切尼赫榮森林鐵路……………… 96
  Čierny Hron Railway
- 塞爾維亞的八字螺旋登山鐵路……………… 99
  Mokra Gora and Sargan 8

森林鐵路比較表……………………… 101

第 ⑤ 章

亞洲文化資產鐵道案例　102
HERITAGE RAILWAY OF ASIA

- 亞洲的文化資產鐵道……………………………… 104
- 中國最後的蒸汽火車桃花源
  ──嘉陽煤礦小火車 ……………………… 105
  Jiayang Coal Railway
- 印尼的登山鐵道──齒軌蒸汽機車 ……… 107
  Ambarawa Railway
- 1999 年世界遺產──印度大吉嶺喜馬拉雅鐵路 109
  Darjeeling Himalayan Railway
- 2005 年世界遺產──印度尼吉里登山鐵道 …… 114
  Nilgiri Mountain Railway
- 2008 年世界遺產──印度卡爾卡西姆拉鐵路 … 117
  Kalka Shimla Railway
- 巴基斯坦喀布爾隘口的沙伐里蒸汽火車 ……… 119
  Khyber Train Safari
- 桂河大橋進行曲──二次大戰的泰緬鐵路傳奇 120
  Burma-Thailand Railway

第 ⑥ 章

澳洲和非洲
文化資產鐵道案例　　124

HERITAGE RAILWAY OF AUSTRALIA AND AFRICA

- 澳洲和非洲的文化資產鐵道‧‧‧‧‧‧‧‧‧‧‧‧‧‧‧‧‧‧ 126
- 古蘭達森林鐵路‧‧‧‧‧‧‧‧‧‧‧‧‧‧‧‧‧‧‧‧‧‧‧‧‧‧‧‧‧‧ 127
  Kuranda Scenic Railway
- 普芬比利森林鐵路‧‧‧‧‧‧‧‧‧‧‧‧‧‧‧‧‧‧‧‧‧‧‧‧‧‧ 129
  Puffing Billy Railway
- 藍山國家公園的之字形鐵路‧‧‧‧‧‧‧‧‧‧‧‧‧‧‧‧ 133
  The Great Zig Zag Railway
- 塔斯馬尼亞島上的齒軌登山鐵道‧‧‧‧‧‧‧‧‧‧ 137
  West Coast Wilderness Railway
- 紐西蘭仙蒂鎮的蒸汽火車‧‧‧‧‧‧‧‧‧‧‧‧‧‧‧‧‧‧ 139
  Shanty town Railway
- 非洲厄利垂亞的登山鐵道‧‧‧‧‧‧‧‧‧‧‧‧‧‧‧‧‧‧ 142
  Eritrean Massawa Asmara Railway

第 ⑦ 章

美洲
文化資產鐵道案例　　144

HERITAGE RAILWAY OF AMERICAS

- 美洲的文化資產鐵道‧‧‧‧‧‧‧‧‧‧‧‧‧‧‧‧‧‧‧‧‧‧‧‧ 146
- 美國羅林紅杉公園的森林鐵道‧‧‧‧‧‧‧‧‧‧‧‧‧‧ 147
  Roaring Camp Narrow Gauge Railroad
- 美國杜蘭哥窄軌登山鐵路‧‧‧‧‧‧‧‧‧‧‧‧‧‧‧‧‧‧ 149
  Durango & Silverton Narrow Gauge Railroad
- 美國華盛頓山登山鐵路‧‧‧‧‧‧‧‧‧‧‧‧‧‧‧‧‧‧‧‧‧‧ 151
  Mount Washington Railway
- 加拿大落磯山太平洋鐵路‧‧‧‧‧‧‧‧‧‧‧‧‧‧‧‧‧‧ 153
  Canadian Pacific Railway Spiral Tunnel
- 秘魯馬丘比丘聖塔安納窄軌登山鐵路‧‧‧‧‧‧ 156
  Ferrocarril Santa Ana
- 阿根廷雲端鐵路‧‧‧‧‧‧‧‧‧‧‧‧‧‧‧‧‧‧‧‧‧‧‧‧‧‧‧‧‧‧ 158
  Tren a las Nubes

第 **8** 章

瑞士經典觀光鐵道案例
FEATURED RAILWAY OF SWITZERLAND

160

瑞士少女峰鐵路之旅

- 少女峰下層的鐵路·············· 165
  Berner Oberland-Bahn / BOB

- 少女峰中層的鐵路·············· 168
  Wengernalpbahn / WAB

- 少女峰上層的鐵路·············· 171
  Jungfraubahn / JB

- 歐洲鐵路最高點──少女峰車站 ·········· 176
  Top of Europe Jungfraujoch

瑞士黃金列車之旅

- 布寧格景觀列車·············· 182
  Brünig Express / Luzern─Interlaken Ost

- 布里恩茲湖畔的登山蒸汽火車·········· 185
  Ballenberg Damfbahn

- 茵特拉根至史懷茲文路線·········· 188
  Interlaken Ost─Zweisimmen / BLS vs. SEZ

- 史懷茲文至蒙特勒──水晶景觀列車 ········ 192
  Zweisimmen─Montreaux / MOB

瑞士冰河列車之旅

- 策馬特至布里格路線·············· 202
  Brig Visp Zermatt / BVZ

- 福卡歐伯拉普路線·············· 206
  Furka Oberlap / FO

- 福卡隘口的蒸汽火車傳奇·········· 212
  Dampfbahn Furka-Bergstrecke / DFB

- 世界文化遺產──阿布拉螺旋線與大拱橋 ····· 215
  Rhätische Bahn / RhB

- 伯連納與海迪列車·············· 221
  Bernina and Heidi Express

附　　錄

- 英國文化資產鐵道名單 ·········· 228

- 歐洲文化資產鐵道名單 ·········· 233

- 亞洲文化資產鐵道名單 ·········· 235

- 澳洲和非洲文化資產鐵道名單 ········ 236

- 美洲文化資產鐵道名單 ·········· 238

第 1 章

認　　　識

INTRODUCTION

文 化 資 產 鐵 道
與 觀 光 鐵 道

 歐洲最後的森林鐵路──羅馬尼亞的上維塞
烏（Viseu de Sus）CFF Mocanita 森林鐵路，
是全球知名的文化資產鐵道。

文化資產鐵道的特性

　　開宗明義，Heritage Railway、Preserved Railway、Museum Railway，這個最早由英國所提出的英文專有名詞，中文直接翻譯為「文化資產鐵道」，日文稱之為「保存鐵道」，翻譯自 Preserved Railway，台灣也有學者使用保存鐵道。德文稱為 Museumsbahn，翻譯自 Museum Railway，意思為博物館鐵道；法文稱為 Chemin de fer touristique，美語稱為 Tourist Railroad，意思都為觀光鐵道。從以上中、英、日、德、法、美六種不同語言的翻譯來看，其實各國各自解讀，各自掌握了不同的重點。

　　英文維基百科簡單提到以下的定義：

　　"A heritage railway is a railway operated as living history to recreate or preserve railway scenes of the past. Heritage railways are often old railway lines preserved in a state depicting a period (or periods) in the history of rail transport."

　　大約在 1950 年代，歐洲的英國首先提出，「文化資產鐵道」這個鐵道界全新的專有名詞，其後荷蘭、德國、法國、瑞士跟進，以及亞洲的日本都陸續引進這個觀念，甚至成為聯合國教科文組織，認定鐵道文化資產的一個討論主題，簡單的定義就是「以文化資產重生的鐵道」。

　　詳細的定義如下：鐵道（rail transport）原本是交通運輸的一環，但是當鐵道已經逐步失去競爭力，被平行的公路或新運具所取代，這

❶ 台鐵的舊山線火車行經魚藤坪橋的畫面。雖然合乎文化資產鐵道的定義，可惜卻未能得到妥善的保存。

② 英國的 Bluebell Railway，以創業初期原始
蒸汽火車與懷舊客車行駛，是全球文化資產
鐵道的經典範例。

時原有鐵道在沉重的沉沒成本壓力下，不是廢線，就
是勉強維持營運。將已經不具運輸功能的鐵道，賦予
歷史活化（living history）的角色，作為文化資產保存，
以「動態的博物館」形式獲取收益，成為旅遊景點
（tourist attractions），可使鐵道重獲新生，稱之為文化
資產鐵道。以台灣為實例，台糖的舊鐵道、舊山線，
與阿里山森林鐵路即屬之，因為原有運輸功能被鄉鎮
道路、新山線、阿里山公路所取代。

　　誠然，文化資產鐵道帶有濟弱扶傾的俠客精神，
同時具備交通工具與文化資產兩種屬性，且非以交通
工具為主，而是以保存文化資產為主要目的。它的經
營方式在歐美地區，最常見的有兩種，第一種是鐵路
公司轉讓其產權給民間團體經營，用觀光旅遊景點與
周邊營收維持，通常因為鐵路維護成本很高，往往必
須透過退休人力與義工組織維護，在英國、德國、瑞
士，這類 NGO 與 NPO 的例子最多。另外一種，是由
政府出錢維護，當成是文化資產與公共財，如果是國

家級的古蹟，就由國家賦予
財源，不計代價去維護，甚
至以登錄世界遺產為最高榮
耀，例如印度大吉嶺喜馬拉
雅鐵道（Darjeeling Himalayan
Railway）於 1999 年登錄世界
文化遺產，後續印度政府在
2005、2008 年還追加申請兩
條鐵道成為世界遺產。

其實，英國所提出的文
化資產鐵道概念，其規模可
大可小，大可以大到一家私
有鐵路公司，包含鐵道博物館，相當於一個企業的規
模。小可以小到保存一個火車站、橋梁，或火車等的
一個保存項目而已。在國際上，文化資產鐵道通常會
指定保存項目，有六大類：包含「古蹟車站」、「古蹟
隧道」、「古蹟橋梁」、「古蹟路線」、「古老的機車」與「骨
董車廂」。只要是古蹟，都是保存的重點，一些比較
細節的部分，如扇形車庫、號誌樓與號誌機等也包含
在內。以歐美的登山鐵道來說，木造車站、磚造隧道、
木構橋梁、螺旋路線與之字形路線、蒸汽機車與木造
車廂等等，都是保存的重點。換言之，文化資產鐵道
就是一個博物館的延伸，一個動態的鐵道博物館。

因此，全球文化資產鐵道的趨勢，重視保存，
不重營收；只賣感情，不賣速度。以英國最大型的藍
鐘鐵道（Bluebell Railway）為例，以維多利亞時代創業
初期的原始蒸汽火車和懷舊客車來行駛，修復沿線古
蹟、鐵道橋梁與隧道，增闢懷舊運行路線，吸引海內
外遊客前來搭乘，並具有宣揚該國文化的效果。近百
年的阿里山森林鐵道與舊山線，即具備文化資產鐵道
的特質，政府應擬「文化資產鐵道法」來規範產權與
財源，方是永續經營之道，若仍以交通工具的觀念經
營，將永遠錯失其利基與優勢。

❶ 澳大利亞普芬比利森林鐵路（Puffing Billy
  Railway）保存的木棧橋與蒸汽機車。

觀光鐵道的營運特性

・火車博士的・
Q&A

觀光鐵道法文稱為 Chemin de fer touristi-
que，美語稱為 Tourist Railroad，法文與美
語的文化資產鐵道，也是使用同一組單字。
由此可見，一般觀光鐵道的範圍，已經涵蓋
文化資產鐵道，只是英國與德國把它們獨立
出來討論。

❷ 瑞士黃金列車的景觀車廂令人賞心悅目。

　　談到觀光鐵道或是旅遊鐵道，就沒有文化資產
鐵道有那樣嚴格的定義，因為它的操作範圍很大。
英文中，Tourist Railway、Scenic Railway、Sightseeing
Railway、Featured Railway 在實務上都可以使用，只是
意義上有所差別。Tourist Railway 是泛指所有的觀光
鐵道；Scenic Railway 是偏重在鐵道風景的旅遊路線；
Sightseeing Railway 是偏重在旅遊產業的鐵道觀光；
Featured Railway 是指有精緻服務且具特色的鐵道，比
較接近本文論述的重點。本文後續就以 Featured Rail-
way 作為觀光鐵道的代表。

　　觀光鐵道顧名思義，就是在傳統的鐵道客運外，
以觀光功能為主的鐵道旅遊產業服務，交通運輸所強

調的速度反而是其次。一般而言，車廂與列車服務必須與眾不同，而且必須比傳統的火車，收取較高的費率，營收就是重點。日本即是經營鐵道觀光非常成功的國度，例如日本的北斗星、日暮特急、仙后座、九州七星、四季島等等，用特別觀光的客車或嶄新的景觀車廂，加上美輪美奐的餐車，行駛在 JR 現有的營運幹線上。瑞士黃金列車（Golden Pass）的景觀車廂（Panoramic Train）令人賞心悅目，打響瑞士觀光的品牌，讓觀光鐵道成就一個國家的觀光收益。

　　觀光鐵道即使不是使用嶄新火車，古老的火車只要定位得宜，如蒸汽火車鼓動懷舊風潮，一樣可以達到營收效果。日本的大井川鐵道，與 JR 各家會社蒸汽火車之旅，非常吸引國人前往。日本還有一種改造舊的車廂，不設窗戶，可以呼吸戶外新鮮空氣的觀景客車 Torokko Train，行駛於支線或保存路線，搭配不同的季節與風景，不但炒熱了地方觀光，也為鐵道公司賺進一筆可觀的財源。英國和德國，更是全世界蒸汽火車迷必去朝聖的天堂。

　　台灣對於觀光鐵道的操作，有一套自己的獨特定位，就是「郵輪式列車」（Cruise–style train）。2007 年台灣高鐵通車之後，速度凌駕了一切，台灣鐵道網絡在西半部走廊以高鐵為主軸。郵輪式列車誕生，是當時交通部毛治國部長，期盼台鐵能在速度較慢的運輸體系，找到一個服務定位，透過結合火車旅遊，上車移動下車觀光的模式，把鐵道的旅遊市場建立起來，與郵輪巡航的運作不謀而合，於是產生了郵輪式列車這個新名詞。

　　「郵輪式列車」以郵輪旅遊模式，選定數個車站及特色旅遊景點，停靠一段時間參觀為其特色，然後再回到火車，前往下一個景點。這樣的運作模式，最早來自於鐵道包車旅遊（Chartered service），尤其是從 2004 年起，台灣鐵道經常性的舉辦鐵道迷包車活動，選定特定列車例如白鐵光華號，普通車與蒸汽火車等

❶ 2008 年 8 月 23 日，台鐵第一班郵輪式列車，從高雄首航出發到台東，開啟了台灣鐵道觀光的新頁。

等，也選定停車地點下車拍照。後來逐漸流行起來，包車團體愈來愈多，但是當時是以包專車為主，還沒有郵輪式列車這個名詞。2008 年 8 月 23 日，第一班郵輪式列車從高雄首航出發到台東，當時用復興號的車廂，行經屏東線與南迴線抵達台東，筆者當時還擔任首航班車的播音導覽。該班列車中途停靠枋野站看山洞、多良站看大海，一般列車不停靠的地點給旅客下車拍照。郵輪式列車果然大受好評，從此蔚為流行。直到今日台鐵的官網，還有郵輪式列車鐵道觀光的專區呢！

文化資產鐵道和觀光鐵道
兩者的差異

　　如前面所述,「文化資產鐵道」只是「觀光鐵道」的一部分類型,換言之,觀光鐵道與文化資產鐵道,兩者是不一樣的東西,簡單來說,觀光鐵道側重在「營收」,文化資產鐵道重點在「保存」。

　　嚴格來說,觀光鐵道為了能夠營收賺錢,建立一種「精緻的服務」,透過鐵道運行以創造營收為目的,搭配的旅遊地景很重要,例如台鐵花東線鐵路的「仲夏寶島號」,台鐵南廻線鐵路的「藍皮解憂號」。文化資產鐵道是建立一套「動態的博物館」,透過鐵道活動收入,以保存文化資產為目的,旅遊地景則是其次,文化資產本身才是重點。兩者還是有所差別的。

❶ 觀光鐵道側重在「營收」,圖為台鐵的藍皮解憂號。

② 文化資產鐵道重點在「保存」，圖為台灣的阿
里山森林鐵路。

① 日本大井川鐵道 C5644，來自泰緬鐵路的保
存火車，是經典的 Heritage Railway。

　　例如，仲夏寶島號是在原本的花東線鐵路上，讓花東美景與觀光火車組合，成為一種高價精緻的服務，因為它是可以創造豐富營收的。但是文化資產鐵道則不然，例如虎尾糖廠馬公厝線的運甘蔗小火車，一般人只能觀看，並不能搭乘；台糖客運小火車，是無空調速度很慢的車輛，地景就是一般農村田野，價格與服務實在很難與台鐵觀光鐵道相提並論。而阿里山森林鐵路卻很幸運的兩者兼容，同時具備觀光鐵道的營運價值，與文化資產鐵道的保存特質。

　　對一般人來說，觀光鐵道與文化資產鐵道是很容易混淆的。以「車輛的新舊」及「路線的新舊」的四個象限來看，

觀光鐵道的範圍，涵蓋了全部四個象限；一般文化資產鐵道則在第四象限，重點在保存；而正統的鐵道旅遊產業就是在第一象限，重點在營收；而第一與第三象限，代表一部分的鐵道旅遊產業與文化資產鐵道，保存與營收並重，這種鐵道兼容並蓄，帶有商業色彩文化資產鐵道，也比較容易在大環境的考驗中生存。

從這四個象限不難看出台灣發展鐵道觀光的問題所在。台灣鐵道觀光側重在第二與第三象限，台鐵期望發展郵輪式列車，特別的觀光客車創造高價營收；若想發展精彩的觀光景觀車廂與美輪美奐的餐車，得達到日本與瑞士的精緻質感；若想以蒸汽火車鼓動懷舊風潮，離英國與瑞士的原汁原味還差一點。偏偏台灣有很多鐵道資源，都是落在第四象限，從台糖到阿里山鐵路，及台鐵廢棄的舊山線，都很適合發展文化資產鐵道，不能單從營收賺錢的角度去看它的價值，因為它們都是很有潛力的。這也就是筆者必須分析「觀光鐵道」與「文化資產鐵道」的不同，點出盲點的所在。

❶ 1875 年營運迄今的瑞士里吉登山鐵道（Rigi Bahnen ARB），是經典的 Heritage Railway。

• 觀光鐵道與文化資產鐵道的內涵示意表 •		
觀光鐵道	現有的營運路線（new line）	除役或保存路線（old line）
特別觀光的客車與餐車及景觀車廂（new train）	正統的鐵道旅遊產業 •瑞士少女峰鐵路 •俄國西伯利亞鐵路 •中國青藏鐵路 •日本仙后座 •台鐵鳴日號	部分 heritage railway •貝加爾湖環湖鐵道 •大井川鐵道
骨董火車頭古老的客車復古的重現（old train）	部分 heritage railway •東方快車 VSOE •The Jacobite 蒸汽火車 •台鐵藍皮解憂號	主要 heritage railway •一般文化資產鐵道 •與保存鐵道的重點 •冰河列車 DFB

文化產業導向與
運輸服務導向
兩者的差異

❷「鐵路文化產業導向」，如同阿里山鐵路，重視歷史、古蹟、風土人情。

當今全球鐵道營運服務，基本上有兩個面向，一個是傳統的「運輸服務導向」（Transportation oriented function），另外一個是創意的「文化產業導向」（Culture oriented function）。「鐵路文化產業導向」與「鐵路運輸服務導向」，這兩者的思維，有很大的差異，這也是台灣鐵道觀光的瓶頸所在。如果以台鐵現有的路線，去發展鐵道觀光，要克服最大的問題，就是法規面不合時宜，與組織結構無法施展的困境。首先，過時的《鐵路法》，限縮台鐵不可以自己開旅行社，不可以自己經營鐵道旅遊產業，觀光列車只能外包，相較於日本JR鐵路各家會社可以多元化與多角化經營，鐵路巨人被五花大綁，無法施展，徒呼負負，無可奈何。

其次，就交通部的定位，台鐵過去是運輸服務導向的組織，高鐵與捷運亦然，而經營鐵道旅遊產業，需要的是文化產業導向的操作，這是完全不一樣的思維，也不是原本高普考試招考的運輸服務人員所能勝

任的。在組織結構上，台鐵沒有辦法設立鐵道觀光旅遊處，找到有市場靈敏度的人去操作，最後還是外包給旅行社。簡單來說，就是以下的思維問題，限縮了鐵道觀光的發展與創意，質與量都無法施展。

一言以蔽之，運輸服務導向無非就是傳統的鐵路客貨服務，以追求運輸速度與運量取勝，運費以運輸里程與速度做為計價標準，比較不在乎運輸中間過程的服務與享受，以快速到達目的地為目的。包含區間列車 (Local Train)、城際列車 (Inter City Train)、大眾捷運 (Metro)、高速鐵路 (High Speed Rail)，以及物流體系的鐵道貨運 (Freight Train) 等等，運輸費率是經由政府核定，依照每「延人公里」計價。在台灣最典型的運輸服務導向鐵路就是大眾捷運，高速鐵路則居次，台鐵的城際列車與區間車也屬之。安全第一、速度取勝，就是運輸服務導向的信條。

文化產業導向則是重視過程的感受，速度已經不

❶「鐵路運輸服務導向」，如同高速鐵路，重視速度、運量、班次。

重 點	運輸服務導向	文化產業導向
旅客的焦點	重視速度、運量、班次	重視歷史、古蹟、風土人情
營運者重點	快速將客貨送達目的地	非在終點，盡在過程
計價方式	運輸里程與速度	運輸里程、創意、服務的特殊性
車站特色	便利、舒適	懷舊、古蹟
車輛特色	新穎、快速	景觀列車、蒸汽火車
吸引客源方式	擴大服務路網與運能	提高觀光知名度、登錄世界遺產
台灣的實例	捷運、高鐵、台鐵	台糖、阿里山、台鐵

• 鐵道營運服務面向之比較表 •

❷ 大井川登山鐵路，奧大井湖上站，是日本重要的鐵道文化資產，同時也是觀光勝地，這正是「文化產業導向」的實例。

那麼重要，其計費標準為旅程的創意與服務，非在終點。這類型的鐵道，多半帶有濃厚的文化性與故事性，如霍格華茲列車的原型 Jacobite Railway。旅客為了觀光或懷舊等目的而來，賞心悅目的窗景才是旅程賣點。文化資產鐵道、觀光鐵道、登山鐵道（Mountain Railway）、森林鐵道（Forest Railway）都可含括在內。在台灣最典型的文化產業導向鐵路，就是阿里山鐵路，台糖鐵路、郵輪式列車、蒸汽火車等觀光列車亦屬之。不再以速度為主，創意無限，巧思取勝才是文化產業導向的信條。

過去台灣對於鐵道的定位只有前者，沒有後者，結果錯失許多觀光文化產業發展的大好機會。正因為《鐵路法》並沒有文化產業導向的章節，台灣也無法認知「觀光鐵道」與「文化資產鐵道」有何區別。2021 年聯合國教科文組織（UNESCO），將七條登山鐵道登錄世界遺產，成為全球鐵道的熱門話題，這七條登山鐵道，都是文化資產鐵道。交通部該重新檢討鐵道的組織架構與過時的《鐵路法》，台灣才能跟上世界潮流。

觀光鐵道經營的 3S 賣點

　　觀光鐵道的費用其實是很貴的。搭一趟南廻線藍皮解憂號的費用，換成搭一般的自強號，可以搭三倍的距離；搭一次阿里山鐵路的祝山線，6.25 公里的費用，可以從嘉義搭台鐵火車到台中。因此，觀光鐵道不適用交通部核可的運輸費率，而是由主管機關自由定價，成敗與否由市場機制決定。因此，必須有別於運輸服務導向的訂價維度：P ＝ 3S（speed、space、service），而是觀光鐵道的訂價維度：P ＝ 3S（service、story、surprise），就是要創造觀光列車有獨特的驚喜與服務，讓消費者覺得貴得有道理，而且旅客還能回流，這個 3S 就是彩蛋與賣點所在。

　　服務（service），讓觀光列車精緻度不同一般的運輸服務旅次火車，以反映價格的差異。在外國觀光

② JR北海道冬之濕原號的暖爐，烤魷魚飄香四溢，讓旅客「驚喜」。

③ 日本鐵道的北斗星列車，餐車豪華的內裝與親切的服務，讓人回味不已。

列車（Tourist train），基本上會有豪華餐車的「內裝」，精緻臥鋪客車的「體驗」，以及景觀客車的窗景「驚艷」，這些都是不可或缺的素材。例如日本鐵道的北斗星列車，餐車豪華的內裝與親切的服務，讓人回味不已。過去台鐵有餐車與臥鋪客車的存在，卻因為缺乏文化產業導向的思維而停駛，但是可喜的是，鳴日號餐車又重新帶起豪華餐車的浪潮。

觀光列車一定要旅客覺得自己與眾不同，例如提供導覽講解、專屬紀念品、特色餐食等等，目的就是要提高 CP 值。列車停靠站點，也應該不同一般的運輸服務火車，才有其獨特價值。例如阿里山鐵路的郵輪式列車，停靠獨立山螺旋線第三觀景台；南迴線的郵輪式列車，停靠多良站；西伯利亞觀光列車，在貝加爾湖環湖鐵路，列車停靠 1904 年的古隧道口，就是最好的例子。

故事（story），是指旅行具備強烈的話題性。許多旅客不是為了單純搭火車而來，而是為了某種氛圍的獨特體驗，特別的空間、車廂、車頭、風景等等，這時傳奇故事的論述與呈現便很重要，車上的氣氛鋪陳，導覽人員的素質便是關鍵。

世界上因為電影或小說而創造的觀光列車，真的是不勝枚舉。在故事的訴說層次，運用懷舊的保存鐵道，搭配蒸汽火車的加持，最能創造這樣的效果。例如日本大井川鐵道的蒸汽火車，搭配電影《佐賀的阿嬤》與《鐵道員》的故事，創造了懷舊火車的商

機；英國蘇格蘭的 The Jacobite Railway，蒸汽火車通過格蘭芬蘭拱橋（Glenfinnen Viaduct），讓哈利波特主題的霍格華茲列車，帶大家重返魔法的世界，就是最好的例子。

驚喜（surprise），每次鐵道旅程都有不同的驚喜，創造旅客體驗的差異度，才能讓旅客回流，讓搭乘過的旅客，成為最佳的口碑代言人，而不是一開始榮景三個月，但是新鮮感一過，從此業績下滑，旅客不會再來。推陳出新的體驗，是永續經營的關鍵所在。

例如日本大井川鐵道的列車長口琴即興表演，JR 北海道冬之濕原號的暖爐烤魷魚飄香四溢，這是夏季列車所沒有的；西伯利亞鐵路在貝加爾湖環湖鐵路這一段，列車人員持槍追捕政治犯的精采演出，每次使用的火車與演出的內容，都有點差異，每每令人驚喜。

台灣傳統的思維，對於鐵路品質的認知，就是安全第一，速度取勝，這是運輸服務導向的信條，並沒有錯。但是這樣的口號，用於鐵道觀光為什麼會綁手綁腳，因為這是完全不同的市場。這也正是筆者撰寫本書的目的，就是透過國際的視野，與筆者二十多年鐵道環遊世界的經驗，來看世界各國「觀光鐵道」與「文化資產鐵道」的案例。引領國人能夠有鴻鵠之見，讓台灣觀光鐵道水平，與世界並駕齊驅，發現台灣文化資產鐵道的潛力，給予良好的定位與保存，創造觀光鐵道的新價值。

❶ 英國蘇格蘭的 The Jacobite Railway 蒸汽火車，讓哈利波特主題的霍格華茲列車重現。這是「故事」的吸引力。

❷ 貝加爾湖環湖鐵路，持槍追捕政治犯的精采演出，讓大家拍案叫絕，這是獨到的「驚喜」。

3

文化資產鐵道的亮點 ──登山鐵道

❸ 瑞士雷塔恩鐵路阿布拉線，是一條全球知名的登山鐵路，2008 年被登錄世界遺產，圖為火車通過萊茵河鐵橋。

　　登山鐵道，中文與日文相同，英文為 Mountain Railway、Hill–climbing Railway，德文為 Gebirgsbahn，泛指鐵道路線「坡度」比較大，或有明顯爬升海拔高度，有海拔落差者。一般而言，軌距愈寬其鋪設的難度愈高，許多國家都會採用窄軌距。根據世界各國文獻統計，登山鐵道的坡度，標準軌大約在 16‰ 至 20‰ 以上；窄軌大約在 20‰ 至 30‰ 以上；輕便鐵道大約在 30‰ 至 60‰ 以上。

　　登山鐵道依照坡度大小，可分成齒軌類（Rack rail）與非齒軌類（Adhesion），齒軌類的坡度比較大，一般來說，坡度超過 90‰ 者必須採用齒軌，90‰ 以下為非齒軌類，也就是一般黏著式鐵路。此外，登山鐵道依其路線型態，又可分成登高型與穿越型。例如台灣阿里山鐵路是登高型，路線的終點在最高點附近；秘魯的安地斯山中央鐵道是穿越型，路線的終點在穿越隘口之後逐步下降，最高點是在高山的中間。

總之，登山鐵道的重點在「路線坡度」。

在登山鐵道之外，另外有所謂的高山鐵道，又稱高原鐵道，日文為山岳鐵道，只是這類的說法比較少，泛指鐵道路線「海拔比較高」，至少超過海拔 1500 至 2000 公尺為標準，因各國的地理環境而不同。而高原鐵路的條件，未必具備大坡度，也未必有明顯的爬升海拔高度。例如台灣阿里山鐵路最高點是 2451 公尺，中國大陸的青藏鐵路最高點是 5072 公尺。總之，高山鐵道的重點在「海拔高度」。

登山鐵道的沿線，會有許多橋梁、隧道、特殊的工程線形，以及登山專用的火車，這也是這類型鐵道的迷人之處。

因此，歸納登山鐵道為了克服特殊的地理環境，降低路線的坡度，以克服較大的海拔落差，在十九世紀登山鐵路的建造上，發展出五大工法如下：

(1) 馬蹄彎與 180 度大彎（U 形彎）
   Horseshoe curve and U–turn line
(2) 迴圈形路線與螺旋形路線
   Loop line and Spiral route
(3) 齒軌式登山鐵路 Rack railway（Cog rail）
(4) 之字形折返路線 Switch back（Zig Zag）
(5) 特殊設計的登山火車
   Special engine（Locomotive）

如果運輸體系不是長程的鐵路運輸，而是短程的公共運輸（Mass Transit），就不必使用登山鐵道的技術，纜索鐵路（Funicular、Cable car），登山纜車（Ropeway、Cable car）這兩種技術也會被採用，這個類型在英國也會列入文化資產鐵道。

現今全球共有七條世界遺產鐵道，皆是登山鐵路。包含 1998 年奧地利薩瑪琳鐵路（Semmeringbahn）被登錄，1999 年印度大吉嶺喜馬拉雅鐵道（Darjeeling Himalayan Railway）被登錄，2005 年印度尼吉里登山鐵道（Nilgiri Mountain Railway）延伸指定被登錄，

❶ 印度尼吉里登山鐵道是全球知名的齒軌登山鐵路，2005 年被登錄世界遺產，圖為 Kallar–Adderly 精采的橋梁與隧道群。

• 七條世界文化遺產登山鐵道的五大工法統計表 •

重點	登錄世界遺產	馬蹄彎 U-turn	迴圈型 Loop Spiral	齒軌式 Rack rail	之字形 Switch back	特殊設計 Special Engine	軌距 mm
伊朗縱貫鐵路 Trans-Iranian Railway	2021 年	◎	◎			◎	1435
義大利伯連納線與瑞士阿布拉線 Bernina Railway / Albula Railway	2008 年	◎	◎				1000
印度卡爾卡西姆拉鐵路 Kalka Shimla Railway	2008 年	◎					762
印度尼吉里登山鐵道 Nilgiri Mountain Railway	2005 年	◎		◎		◎	1000
印度大吉嶺喜馬拉雅鐵道 Darjeeling Himalayan Railway	1999 年	◎	◎		◎	◎	610
奧地利薩瑪琳鐵路 Semmeringbahn	1998 年	◎					1435
台灣阿里山鐵路 Alishan Railway （台灣世界遺產潛力點）		◎	◎		◎	◎	762

2008 年印度卡爾卡西姆拉鐵路（Kalka Shimla Railway）延伸指定被登錄，2008 年瑞士雷塔恩鐵路阿布拉線（Rhaetian Railway in the Albula）與義大利伯連納線（Bernina Landscapes）被登錄。2021 年伊朗縱貫鐵路（Trans-Iranian Railway）被登錄。由此可見登山鐵路，在國際上所受到的重視與文化資產價值。因此全球的登山鐵道，堪稱是文化資產鐵道的最大亮點。

文化資產鐵道的亮點
——森林鐵道

　　所謂森林鐵道（Forest Railway），是指為開採森林資源而舖設的產業鐵道，或是沿途的森林景觀為其主要觀光資源。過去這類鐵路多半也具有登山鐵道的特質，例如大坡度，之字形路線與螺旋路線，因此很多森林鐵道也是登山鐵路，例如台灣的阿里山鐵路、美國的卡司風景鐵路（Cass Scenic Railroad）即是。如今阿里山森林鐵路雖然已經不伐木，沿途的森林景觀仍是觀光重點之一，仍是一條森林鐵道。

　　此外，世界上許多森林鐵道是 760mm、762mm、914mm 的窄軌產業鐵道，以適應森林不平整的地形，在原有的森林開發角色結束後，火車不再運輸木材，後來都轉型成觀光用途，合乎文化資產鐵道的定義。例如斯洛伐克的切尼赫榮森林鐵路（Cierny Hron Forest Railway）、羅馬尼亞的森林鐵路 CFF Mocanita 是 760mm 的窄軌鐵道，台灣的阿里山森林鐵路、日本的木曾森林鐵道、北海道的丸瀨布町森林鐵道、澳大利亞的普芬比利森林鐵道（Puffing Billy Railway），都是 762mm 的窄軌鐵道，美國的森林鐵道則是使用 914mm 的窄軌鐵道。

　　不過，當今全球森林鐵道最大的特色，在於會使用一些非常特殊的蒸汽機車，以適應特殊的環境。例如前蘇聯會使用窄軌的 0–8–0 Kch4 與 Kp4 型蒸汽機車，中國會使用類似的 C2 與 C4 型蒸汽機車，羅馬尼亞會使用外框形式（outside frame）Mocanita 蒸汽機車，澳大利亞使用 Garratt 蒸汽機車；美國則會使用齒輪式的蒸汽機車（Geared

❶ 羅馬尼亞的 CFF Mocanita 森林鐵路。

❷ 澳大利亞的普芬比利森林鐵道。

steam locomotive)，以 Shay、Climax、Heisler 這三種蒸汽機車為主要代表。Shay 蒸汽機車的重點，在於單側的直立式汽缸驅動結構；Climax 蒸汽機車的重點，在於雙側的 45 度斜立汽缸驅動結構；Heisler 蒸汽機車的重點，在於雙側的交叉 V 型汽缸驅動結構，透過驅動結構的中心點，經由萬向接頭傳動至前後轉向架的齒輪箱，這些是全球知名的鐵道文化資產。(參閱作者《世界的蒸汽火車》一書)

雖然，並非世界上所有的森林鐵路，都採用 Shay 這類型的蒸汽機車，但是就是因為數量很少，而顯得非常珍貴！台灣的阿里山森林鐵路在 1980 年代之前，曾經吸引大量的外國觀光客，其實並非為了雲海日出慕名而來，而是因為台灣是全世界 Shay 蒸汽機車少數的保存國度。全球的森林鐵路已經不多，僅存的森林鐵路，也是文化資產鐵道的亮點。阿里山鐵路同時具備森林鐵道、登山鐵道、高山鐵道三種特質，更是難能可貴！

聯合國教科文組織
登錄的世界遺產鐵道

　　第一條登錄聯合國教科文組織世界文化遺產的鐵道，在1998年由奧地利的薩瑪琳鐵路率先拔得頭籌，雖然是標準軌距，卻是1854年全世界最早克服地形障礙的山岳鐵道，登錄聯合國教科文組織世界文化遺產，當之無愧。1999年印度大吉嶺喜馬拉雅鐵道隨之挺進登錄，軌距610mm，有180度大彎、之字形、螺旋路線、特殊形式的登山蒸汽機車，世界登山鐵道五大工法占了四項，世界登山鐵道五大工法的普世價值，浮出於檯面上，也驗證具備完全相同性質的台灣阿里山森林鐵路，在國際上不應該寂寞。

● 1998年奧地利薩瑪琳鐵道，是全球第一條
　被登錄世界文化遺產的鐵路。

❷ 1999 年印度大吉嶺喜馬拉雅鐵道，是全球第二條被登錄世界文化遺產的鐵路。

❸ 印度尼吉里登山鐵道，2005 年登錄世界遺產。

六年之後，2005 年印度尼吉里登山鐵道再次叩關成功，軌距 1000mm，這條是齒軌式登山鐵道，剛好補足世界登山鐵道五大工法中第五項，至此五大工法被認證齊全。而且印度尼吉里登山鐵道奇特的登山蒸汽機車保存，獲得世人的重視，再次驗證阿里山鐵路動態保存 Shay 蒸汽機車，完全合乎世界潮流。

三年之後，2008 年印度卡爾卡西姆拉鐵路又再獲世界遺產青睞，軌距 762mm，竟然與阿里山鐵路相同。後來這三條合併登錄為印度登山鐵道（Indian Mountain Railway），如果加上 2004 年孟買洽拉巴帝西瓦吉火車站（Chhatrapati Shivaji Terminus），這棟出現在奧斯卡金像獎《貧民百萬富翁》電影的車站建築物，印度真的不折不扣拿下四項，成了當今鐵道類世界遺產的最大贏家。2008 年的瑞士雷塔恩鐵路阿布拉線與義大利伯連納線同時登錄，以登山螺旋線獲得青睞。由此可見，登山鐵路在國際上所受到的重視與文化資產價值。

印度的三條登山鐵道，及瑞士與義大利的登山鐵道，在本書後面單元有介紹，就不在此贅述。多年以後，2021 年 10 月世界文化遺產鐵路又增添了一條，伊朗縱貫鐵路，UNESCO 還是延襲過去的慣例，以翻山越嶺的登山鐵路為主。該鐵路開業於 1938 年，和奧地利薩瑪琳鐵路一樣，都是屬於 1435mm 標準軌

距。該鐵路起自波斯灣的沙赫普爾港（霍梅尼港），途徑阿瓦士、庫姆、德黑蘭，直到裡海畔的托爾卡曼港。1961 年，在禮薩汗的兒子穆罕默德•禮薩•巴列維的領導下，鐵路延伸到戈爾甘。1963 年再次延伸，全長1394 公里。本次登錄的 Bandar Shahpur–Bandar Shah route 路段，具備 180 度大彎與螺旋形路線，最大坡度為 1/36，約 27‰，是一條精采的登山鐵路，也有使用特殊的登山用蒸汽機車 Garratt 4–8–2+2–8–4，原本世界登山鐵路的五種工法，也占了其中的三項之多。

• 阿里山森林鐵路與世界遺產登山鐵道的基本資料比較表 •

鐵路名稱	通車年	主線長度	海拔的最高點	海拔的最低點	最大坡度	鐵路軌距	登錄世界遺產
奧地利薩瑪琳鐵路	1854	41.8km	898m Semmering Tunnel	495m Gloggnitz	25‰	1435mm	1998 年
印度大吉嶺喜馬拉雅鐵道	1881	86.0km	2257.6m Ghum	113.8m New Jalpaiguri	55.5‰	610mm	1999 年
印度尼吉里登山鐵道	1908	46.0km	2345.1m Lavedale	325.8m Mettupala-yam	83.3‰	1000mm	2005 年
印度卡爾卡西姆拉鐵路	1903	96.54km	2076m Shimla	656m Kalka	30‰	762mm	2005 年
瑞士的阿布拉線	1903	67km	1820m Albula Tunnel	604m Reichnau-Tamins	35‰	1000mm	2008 年
瑞士至義大利的伯連納線	1910	60.7km	2253m Bernina Ospizio	429m Tirano	70‰	1000mm	2008 年
伊朗縱貫鐵路	1938	1394km	–	Bandar Shahpur	27‰	1435mm	2021 年
台灣阿里山森林鐵路	1912	71.9km	2451m 祝山站	30m 嘉義站	62.5‰	762mm	

台灣的鐵道世界遺產潛力點——阿里山鐵路與舊山線鐵路

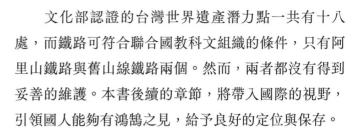

① 阿里山鐵路是台灣世界遺產潛力點，今日觀光的盛名依舊。

文化部認證的台灣世界遺產潛力點一共有十八處，而鐵路可符合聯合國教科文組織的條件，只有阿里山鐵路與舊山線鐵路兩個。然而，兩者都沒有得到妥善的維護。本書後續的章節，將帶入國際的視野，引領國人能夠有鴻鵠之見，給予良好的定位與保存。

阿里山鐵路與舊山線鐵路的入選，是有其道理的，與全球七條鐵道世界遺產全部是登山鐵路的趨勢一致。2003 年，阿里山森林鐵路被文建會列為當時台灣十二項世界遺產潛力點之一。以科學統計的角度，台灣的阿里山鐵路比較類似的世界遺產案例，是印度大吉嶺喜馬拉雅鐵道。它們有相同的登山工法，包含 U–turn、Switch back、Loop line 與 Special engine，有異曲同工之妙。印度卡爾卡西姆拉鐵路為長距離的 762mm 軌距登山鐵道，與台灣阿里山鐵路 762mm 軌距系統相同。印度大吉嶺、尼吉里山是世界知名的紅茶產地，而台灣阿里山鐵路沿線是知名的阿里山茶產地。因此，台灣的阿里山森林鐵路，可說是印度三條登山鐵道的綜合體，不論在景觀、工法、軌距、資源，以至於農產品，都有極高的相似之處。不過，阿里山鐵路的本線，迄今的 2022 年依然中斷，關於阿里山鐵路，在本書後面單元有介紹，就不在此贅述。

關於台鐵舊山線鐵路的入選，其背景有一段故事。1908 年 4 月，台灣西部縱貫線完成。當時的縱貫線經過今日苗栗、三義、后里一帶山區，火車必

須翻山越嶺，以 26‰ 的大坡度，攀爬至海拔最高點 402 公尺的勝興站，開啟了舊山線的歷史之門，創下當時台灣鐵路 1067mm 軌距的坡度之最。1935 年 4 月，發生台中州大地震，讓舊山線中斷，三年的修復工程，也留下今日魚藤坪斷橋、鯉魚潭鐵橋，泰安砲彈紀念碑等古蹟，這些故事也寫下了台灣日治時期，篳路藍縷以啟山林的台灣史頁，鐵道建設的不朽史話。

但是在 1945 年台灣光復之後，隨著時代進步，由於舊山線的單線與坡度瓶頸，台灣西部幹線不敷使用，所以另闢雙線的新山線；原有的舊山線，在 1998 年 9 月廢除，縱貫線的火車改走雙軌的新山線，沿途的古蹟，也成為後人憑弔的

① 舊山線鐵路是台灣世界遺產潛力點，如今該座鐵橋已經改成為軌道自行車道。

最佳去處。失去舞台的舊山線，合乎文化資產鐵道的定義，後來在 2003 年，舊山線被文建會列為當時台灣十二項世界遺產潛力點之一。當時由於缺乏適當的法規保護，業主無心經營，廢線後任其荒蕪，若干古蹟遭破壞，實在可惜。

不過幸運的是，2010 年 6 月，舊山線終於成功復駛，使用傳統的普通車，搭配懷舊的柴電機車與蒸汽機車，掀起另一波旅遊高潮，舊山線如同國外的保存鐵道案例。然而五年之後，隨著台鐵的人事更替，舊山線火車停駛再度回歸沉寂。目前勝興以北到三義的鐵路還在，盼將來能引進普通車與蒸汽火車來活化經營，至於勝興以南的路線橋梁，已經改成為鐵道自行

車道（Rail–bike）。

以科學統計的角度，舊山線比較類似的世界遺產案例，是奧地利的薩瑪琳鐵道（本書後面的單元會介紹）。它所彰顯的精神，在於鐵道的「古蹟今用」，保存文化資產與現代化，是可以兼容並蓄的。今日薩瑪琳鐵道一座座石拱橋矗立山林之中，即使經過一百六十年歷史，橋上的火車依舊奔馳，多麼令人驚歎！然而 1998 年，當薩瑪琳鐵道被登錄世界遺產，奧地利舉國歡欣鼓舞之時，也是台灣八十年歲月的舊山線被廢棄，走入歷史之刻，這是歷史無辜的「湊巧」，更是台灣無言的「諷刺」。

2016 年之後，舊山線鐵道在有營收的壓力下，被改成為鐵道自行車道，何時可以再有火車通行，無法預測，教人徒呼負負，悵惘扼腕。雖然台灣的文化環境有其包袱，我們無法要求台鐵，能有奧地利的文化素養，讓舊山線古蹟今用。然而舊山線終究脫離了運輸幹線的角色，如果台灣有文化資產鐵道的法源，可以就地保存賦予鐵道新生，該有多好。如今，魚藤坪斷橋註定永恆凋零，只願 1999 年 921 大地震之後，因修復與否而爭議不斷，被改成步道的阿里山眠月線森林鐵路，不會是下一個舊山線……

❷ 舊山線的經典地景，魚藤坪斷橋。
❸ 2010 年，舊山線復駛，R40 柴電機車行經鯉魚潭鐵橋。

第 2 章

台　灣　的
TAIWAN HERITAGE RAILWAY AND
FEATURED RAILWAY
文 化 資 產 鐵 道
與 觀 光 鐵 道

阿里山鐵路是台灣最為經典,世界級的文化
資產鐵道。對高岳車站。

第 ② 章　台灣的文化資產鐵道與觀光鐵道　　文化資產鐵道案例 1
　　　　Taiwan Heritage Railway and Featured Railway　阿里山森林鐵路

文化資產鐵道案例 ①

阿里山森林鐵路

在英文維基百科，與英國所列舉的世界文化資產鐵道名錄，阿里山鐵路是台灣唯一上榜的鐵路。它的文化資產價值非凡，但是多數國人並不知情，以下就是阿里山鐵路受到國際重視的原因。

阿里山森林鐵路誕生於 1912 年 12 月 25 日，1914 年嘉義至沼平完成通車，當時全長 71.9 公里，72 座隧道，114 座橋梁，最大坡度 66.7‰，從平地爬升到海拔 2274 公尺，沿途歷經熱、暖、溫三個林帶垂直分布，沿途風景美不勝收，享譽國際。它是台灣產業鐵道開發的歷史縮影，也是人類沿襲十九世紀產業鐵道技術的重要史蹟。該類登山鐵道，多半在二十世紀中葉因產業轉型而迅速沒落，阿里山森林鐵道歷經近百年營運迄今，等同人類登山鐵道技術的歷史縮影，深具保存之價值。

回溯人類建造登山鐵路最密集的年代，大約是從 1869 年到 1912 年。隨著工業革命後期，原物料需求大增，1869 年美國華盛頓山鐵路，全球第一條齒軌登山鐵道完工，緊接著 1871 年瑞士 Rigibahnen 通車，1881 年印度大吉嶺鐵路，包含德國、奧地利，都是密集於這段時間完成。但隨著 1903 年飛機發明後，人類要跨越地形障礙有了更好的抉擇；1914 至 1918 年，一次世界大戰爆發，航空器不但成為作戰武器，更促使民用航空業發展，坦克車與柴油引擎技術進展，汽車也大行其道。從此以後，全球登山鐵路的發展就沒落了。

因此，1914 年一次世界大戰爆發前，這是全球登山鐵路的最後黃金時期，在當時日本帝國統治之下的台灣，為了林業資源開發，1912 年 12 月 25 日通車的阿里山鐵路，除

❶ 阿里山鐵路集森林鐵路、登山鐵路、高山鐵路三者的特色於一身，舉世罕見。這是蒸汽火車通行駛第二分道的美景。

❷ 阿里山森林鐵路穿越三種林相，這是世界上其他森林鐵路所少有的特色。

了齒軌之外，幾乎集合所有成熟的工法技術於一身。後來海拔高度還超越印度大吉嶺，1915年締造日本帝國鐵道最高點──塔山站2346公尺，以及1934年當時亞洲鐵道最高點──東埔站2584公尺，如今祝山站2451公尺，更是台灣鐵路最高點。與阿里山鐵路有著異曲同工之妙，就是1912年8月1日通車的瑞士少女峰鐵路。少女峰鐵路開業之初就沒有使用蒸汽火車，還創新使用三相交流電的齒軌電車，而且少女峰站3454公尺，改寫歐洲鐵路最高點迄今。換言之，台灣阿里山鐵路及瑞士少女峰鐵路，可以說是整個人類登山鐵道史，最後黃金時期的代表作。

　　這些年來，我總是在演講公開場合，呼籲政府務必重視台灣阿里山鐵路，是一條文化資產鐵道。我也在阿里山森林鐵路一百週年紀念文獻三本書裡面，完整提列全球百大登山鐵道的研究統計，阿里山森林鐵路有多項工程數據是名列前茅。在「海拔最高點」與「海拔落差」這兩項，超越目前所有聯合國

❶ 阿里山森林鐵路的祝山線，對高岳站旁可以望見玉山群峰。

❷ 台灣鐵路最高點，海拔2451m的祝山站揭牌儀式。作者為左起第三位。

③ 阿里山森林鐵路原本為伐木用途，如今轉型為觀光用途。

④ 阿里山森林鐵路的之字形路段，是它的重要特色之一。

教科文組織登錄的世界文化遺產鐵路，它的普世價值，實在不應該被如此忽略。如今它是台灣的世界遺產潛力點，至 2021 年共有九條國際上的姐妹鐵道，成為台灣鐵道的國際亮點，但是台灣的文資法律，卻沒有文化資產鐵道的配套法規，只能以一般觀光鐵道來經營，面對天災與財務的風險，每每窒礙難行，十分可惜。

國人不甚了解阿里山森林鐵路，因為它的定位不清楚，所以命運多舛。過去政府只是把它當成交通工具或觀光鐵道，而非文化資產鐵道，在追求安全第一與避免虧損的環境下，2008 年的民營化、2009 年莫拉克風災摧殘、2010 年政府收回阿里山鐵路開始修復，民營化宣告失敗。然而 2011 年 4 月 27 日，阿里山上的神木線，不幸發生邊坡的巨木側枝斷裂倒下，擊中列車車廂導致翻覆事故，造成 7 名旅客死亡，該事件造成阿里山鐵路再次被迫停駛。由於人事遭到凍結，2013 年 4 月 26 日，行政院將阿里山鐵路的經營權移交台鐵，讓修復權歸林務局，雙頭馬車的政策，從此讓阿里山鐵路的重建之路，投下更多的變數。

2014 年 1 月 27 日，阿里山鐵路嘉義至奮起湖路段，首度完成復駛，莫拉克風災的路段也陸續修復完成，2015 年 6 月起陸續進行全線試車。為了迎接全線通車新時代，7 月 1 日起阿里山鐵路還調高票價結構。原本阿里山鐵路，計畫於 2015 年 12 月 25 日從嘉義到阿里山全線通車，卻因為 9 月 27 日杜鵑颱風，造成屏遮那路段的 42 號隧道崩塌，而功虧一簣。在環保聲浪擴權之下，要求不再修復鐵路的聲音，此起彼

落，眠月線從 1999 年中斷迄今，嘉義到阿里山全線何時修復通車，從此遙遙無期。

阿里山鐵路集森林鐵路、登山鐵路、高山鐵路三者的特色於一身，舉世罕見，被文建會列為台灣世界遺產潛力點的第一類，堪稱台灣的國寶。以國際觀點看阿里山鐵路，包含森林鐵路穿越三種林相、之字形路段、獨立山螺旋路段、使用古老 Shay 蒸汽火車等等，這些特色都足以讓這條鐵路立足國際。而且許多源自十九世紀森林鐵道技術與登山鐵路的工法，幸運的被留用至今。只是過去在缺乏文化資產鐵道與古蹟維護觀念之下，原始隧道與木構橋梁已被改建，路線被破壞，尤其以阿里山至塔塔加的東埔線鐵路，最高點海拔 2584 公尺，因公路開發而遭拆除，最為可惜。所幸

今日阿里山鐵路保存四部 Shay 蒸汽機車復駛，彌足珍貴，成為台灣鐵路國際化與觀光景點的重要代表，也是台灣最為經典，世界級的文化資產鐵道。

這些年來，阿里山鐵路的苦難不斷，每逢天災與事故，各界改成步道的聲音，此起彼落，其實並非這條鐵路不好，而是我們對於鐵道的國際觀認識不足。因此，鐵路的經營權，歷經民營化與委託台鐵經營，都是失敗收場。等待多年，歲月輪轉，2018 年 7 月 1 日，阿里山林業鐵路及文化資產管理處正式成立。衷心期待新機關在權責合一下，能夠戮力以赴，保護鐵道文化資產，1999 年中斷迄今的眠月線鐵路，2009 年中斷迄今的登山本線，42 號隧道，能夠盡快修復。讓天災的傷痛成為歷史，阿里山鐵路得以保存完整而永續經營，浴火重生。

❶ 阿里山鐵路的小火車穿越雲霧，這是高山鐵路獨有的浪漫。
❷ 阿里山的五奇之一，塔山的雲海。

糖廠小火車

虎尾糖廠的馬公厝線，是台灣最後以小火車鐵道，輸送甘蔗的原料線。而溪湖糖廠與烏樹林糖廠，是台灣糖業鐵道少數成功以文化資產鐵道重獲新生的案例。雖然，後續蒸汽機車的運作有所變數，卻不影響這兩個保存案例的代表性。我想台灣除了阿里山鐵路之外，這三個糖業鐵道案例，的確寫下了歷史，實在應該加入世界文化資產鐵道名錄。

台灣的製糖產業，可追溯至四百多年前的荷蘭西班牙時代，民間就有簡單的製糖工廠，但是尚未工業化。直到 1901 年台灣第一座現代化機械式製糖工廠「台灣製糖株式會社高雄橋仔頭糖廠」成立，改變了台灣製糖業的歷史。而糖鐵的起源，是 1905 年日本的技師，從夏威夷考察回國，認為當時歐洲用於殖民地的 2 英尺 6 英寸，即 762mm 的鐵道，十分適合用於甘蔗採集。1906 年，橋仔頭糖廠開始鋪設 762mm 軌距鐵道，不過是水牛牽引或人力推行的台車鐵道。1907 年 2 月，台灣製糖株式會社橋仔頭第一工廠，獲得總督

❸ 馬公厝線是台糖最後運送甘蔗的小火車。

府的許可，開始全面興建原料線，同年 11 月起製糖期，高雄橋仔頭糖廠的蒸汽機車開始正式運行。1909年 5 月 20 日，從「新營至岸內」第一條客貨運營業線開始服務，寫下台灣輕便鐵道正式營運的歷史紀錄。

從此以後台灣的糖業鐵道，如雨後春筍一般展開，主要包含有台灣製糖鐵道、明治製糖鐵道、大日本製糖鐵道、鹽水港製糖鐵道、帝國製糖鐵道、新興製糖鐵道七家製糖會社，總長度逼近三千公里。1945 年台灣光復，國民政府合併日治時代之所有製糖會社，於 1946 年正式成立台糖公司。依據政府統計，在 1945 年台灣光復之初，全台各家糖廠的線路 762mm 軌距總長為 2964.6 公里，其中專用線長2337.5 公里，營業線為 627.1 公里（包含 610mm 軌距的台車線 99.2 公里）。後來 1950 年起又修築南北線，全長 275 公里，糖業鐵道里程突破三千公里大關。如果再加上林務局三大林業鐵道、台東線鐵路等體系，台灣的輕便鐵道全盛時期，保守估計三千六百多公里綽綽有餘，而糖業鐵路是台灣最大的輕便鐵道體系，竟占了有八成之多。

1945 年台灣光復之後，台糖除了運送甘蔗的原料與成品之外，台糖鐵道的客運，曾經是台灣最重要的鄉村運輸路網。全盛時期，台糖擁有為數可觀的客運營業線共四十一條，總長度高達 675 公里，每日搭乘人數最高六萬人次，創造出台灣五分車的客運文化，成為台灣農業社會鄉村交通的主要動脈。當時台糖的火車最多，路線最長，放眼台灣，無對手可以相比。然而好景不常，隨著台灣鄉鎮道路的發展，以及小汽車的普及化，糖業鐵路急速衰退。

❶ 虎尾糖廠，最後僅存的二座製糖廠之一。

・虎尾糖廠・

很遺憾的是，在政府缺乏文化保存政策之下，1970 年代蒸汽機車大量淘汰，1980 年代逐步完成動力柴油化。1982 年 8 月 17 日，從嘉義至北港的客運

「嘉義線」停駛，台灣糖業鐵路的客運，也正式畫下了休止符。曾經台糖有三十七座工廠，三大總廠虎尾、新營、屏東，目前三大總廠也僅存虎尾一座。2003 年南州糖廠開始停止壓榨甘蔗，2008 年南靖糖廠也陸續跟進；2010 年之後，善化糖廠與虎尾糖廠，成為台灣糖業公司最後僅存的二座製糖廠。

而以火車鐵道輸送甘蔗的原料線，目前僅餘虎尾糖廠的馬公厝線一條而已，至 2022 年初為止，每年冬季到隔年的春天，台糖運輸甘蔗的小火車依然行駛在這條運輸甘蔗的鐵路上。國內外許多喜歡輕便鐵道的遊客，都會到虎尾糖廠以及馬公厝線，記錄台糖最後的甘蔗小火車。虎尾糖廠與馬公厝線，成為不折不扣，台糖最為經典的文化資產鐵道。我們政府若是重視文化資產，應該加以保存才是。

· 烏樹林糖廠 ·

台糖烏樹林糖廠具有相當悠久的歷史，鐵道起始於 1944 年 6 月 16 日，開辦的番社（東山）客運線。

❷ 烏樹林糖廠，整修復駛的勝利號汽油客車。

1946 年 12 月烏樹林車站峻工，同年白河客運線開辦，遂成為新營、東山、白河三地重要的輻輳點，古老的木造車站，也一直保存到現在。不過，隨著台灣鄉鎮道路的發達，台糖小火車的客運逐漸沒落，1979 年 9 月廢止客運業務，鐵路運輸隨之沒落，徒留古老的車站，成為電視劇「鋤頭博士」的劇場所在地。在有心人士曾吉賢先生的努力推動之下，2001 年起烏樹林車站成功轉型觀光，370 號蒸汽火車以燃燒重油的方式復活，成為台糖第一個以文化資產鐵道重生的案例。

烏樹林除了古老的木造車站之外，還有台糖最完整的車輛博物館，這裡可以看到台糖最稀有的金馬號機車，以及最怪異的順風牌機車，牽引阿里山鐵路的紅色客車，見證「糖林聯運」的鐵道歷史。今日烏樹林糖廠有三寶，包含古蹟木造車站、370 號蒸汽機車、勝利號與成功號 Railcar 汽油客車，尤其是蒸汽機車與勝利號汽油客車，皆為動態保存，十分難能可貴。2011 年烏樹林 SL370 號蒸汽機車，結合勝利號與成功號客車復駛啟航，以及 2014 年台灣糖業鐵道文化博物館啟用，更增添不少話題。目前 370 號蒸汽機車故障停用，勝利號客車還是維持可動狀態。

烏樹林糖廠有很多觀光資源，然而，因為交通不便的問題，一般旅客無法搭乘台鐵的軌道運輸抵達，也沒有大眾運輸的公車，遊客得自行開車前往。因此，

❶ 烏樹林糖廠，整修復駛的 370 號蒸汽機車。
❷ 溪湖糖廠，整修復駛的 346 號蒸汽機車。

從烏樹林到台鐵後壁站或新營站的鐵道，聯外路線若能修復，搭配糖鐵的五分車復駛，才能成功轉型觀光鐵道，永續經營。

· 溪湖糖廠 ·

溪湖糖廠園區，是台糖保存完好的工業遺產園區。除了糖廠本身，在當前台灣各大糖廠的柴油機車，幾乎都是德馬牌的天下，溪湖糖廠園區則以「日立牌」柴油機車特別多，可以看見各式各樣不同塗裝的「日立牌」柴油機車，幾乎可以稱為「日立牌」柴油機車的博物館。溪湖糖廠每年會舉辦不同活動，園區的觀光列車顏色與款式相當多元，其中以「花博會版」與「乳牛號版」最為有名，2003 年 7 月 19 日由 801 號機車變裝，快樂乳牛號觀光列車上路，吸引許多人的目光。今日溪湖糖廠雖然已經不再製糖，卻保有糖廠完

❸ 溪湖木造車站，整修過後 524 號汽油客車。

整的工業遺址，有系統的保存許多台糖車輛，儼然成為台灣中部的糖業鐵道博物館。

2007 年，在烏樹林的 370 號蒸汽機車復活之後，溪湖糖廠 346 號蒸汽機車也在有心人士黃文鎮先生等人的努力之下，被送至新營糖廠整修走行機構，並送入新營市新聯興鐵木工廠更新鍋爐。2007 年 12 月 9 日，溪湖糖廠配合台灣蔗糖鐵道文化節，346 號正式復活啟用。346 號營運路線從溪湖糖廠到濁水站，古老的制服，鐵道員熟練的姿勢，一樣的煤煙滋味，讓歷史重現，掀起一波糖鐵的觀光熱潮。而 SL346 的鍋爐被拆換下來，放在溪湖的蒸汽火車博物館裡面讓大家參觀。

台糖 347 號屬於在台灣光復之後，引進最多的一型主力機車，從 345 至 369 號共 25 輛，1948 年比利時 AFB 製造，0–6–0 tank SL 蒸汽火車，這一型式也是目前台糖蒸汽火車保存比例最高的。台糖 347 號蒸汽火車依然保存原始的鍋爐，以燃燒煤炭與木柴為動力，燒煤而非燃燒重油的蒸汽火車，才是台糖最富原汁原味的蒸汽火車，這個改變是歷史性的重要一步，也影響了下一部 650 號的復駛。

今日溪湖糖廠有三寶，包含溪湖木造車站、346 號蒸汽機車、524 號汽油客車。昔日的溪湖木造車站，在員林線停用之後被保留下來，在 2016 年原址保留重新修復，如今呈現全新的面貌。搭配復駛的溪湖 524 號 Railcar 汽油客車，與 346 號蒸汽機車，成為台灣 762mm 軌距保存鐵道的新亮點。

然而，溪湖糖廠想要成功轉型觀光鐵道，一樣存在交通不便的問題，一般旅客無法搭乘軌道運輸抵達，必須自行開車。因此，從員林到溪湖的「員林線」鐵道路線何時能復駛，成為台鐵的另外一條支線，甚至延伸到鹿港，才能真正為溪湖糖廠連接觀光動線的新生命。

台鐵花東線鐵路
——仲夏寶島號

❶ 2021 年台鐵 DT668 蒸汽機車牽引仲夏寶
島號，停靠池上站。

台鐵每年暑假，奔馳於花東線鐵路的「仲夏寶島號」，是花東線鐵路最有代表性的觀光列車。基本上，仲夏寶島號使用的蒸汽機車，主要是 CT273 或是 DT668，由易遊網公司代為服務，是台灣鐵道史上第一款，每年定期行駛的蒸汽機車觀光列車。

仲夏寶島號的誕生，背後有一段故事。1979 年 7 月，台鐵的蒸汽機車進入政策性停用的時代，1984 年 2 月之後，最後保存的蒸汽機車宣告除役。從這個階段開始，國人想要看蒸汽機車運行的畫面，只能往國外跑，尤其是鄰國的日本，有著與台灣相同的蒸汽機

車種類，成為鐵道迷所嚮往的天堂。直到 1998 年，自台鐵 CK101 第一部首開先河，開啟蒸汽火車復駛的新時代，2001 年台鐵 CK124 復駛，也就是日本國鐵 C12 型，成為推動觀光的關鍵性角色。後來，在日本發生 311 大地震之後，台灣各界伸出援手，捐款達到世界第一，這份恩情讓日本全國感動不已。但是礙於台日之間

沒有邦交，無法回饋，所以日本的民間各界，主動向台灣伸出友誼之手，台鐵的蒸汽火車與日本的蒸汽火車，首次締結姐妹車，便是在此一時空環境之下誕生。

2011 年 3 月 12 日，台鐵 CK124 與日本 JR 北海道 C11 型締結姐妹車，在釧路車站正式簽署 LOI 意願書，雖然 CK124 是日本國鐵 C12 型，而非 C11 型，但是象徵意義遠超過實質意義。當天台日締結的首航蒸汽火車，由日方招待台灣代表團往返搭乘，筆者也在現場。日本北海道「冬之濕原號」行走釧網本線，由 C11171 ＋ C11207 蒸汽火車二重連行駛，台灣當天「仲夏寶島號」同步行駛內灣線，由 CK101 ＋ CK124 蒸汽火車二重連行駛。台灣和日本的蒸汽火車同時發車，寫下歷史性的一頁。日本「冬之濕原號」與台灣「仲夏寶島號」，有著季節與地理的對稱，其取名由此而來。

兩年之後，仲夏寶島號的服務朝向定期化，逐步移往花東地區，隨著 2013 年 10 月 CT273 移往富岡機廠整修，2014 年 6 月 9 日鐵路節整修完成復駛，2014 年起，台鐵 CT273 蒸汽機車，開始固定牽引仲夏寶島號，成為花東地區觀光列車的主角。

為了克服夏季無空調的悶熱，與蒸汽機車過山洞時，煤煙吹入窗戶的問題，台鐵將停用一批的

❷ CT273 仲夏寶島號通過玉里客城鐵橋，此圖還曾於 2015 年選作中華郵政 5 元郵票的圖樣。

❷ 台鐵與日本 JR 北海道締結姐妹車，雙方的鐵道員在 C11 型蒸汽機車前合影。

❸ 2014 年台鐵 CT273 蒸汽機車牽引仲夏寶島號，玉里站。

❹ 仲夏寶島號的奇蹟，花東線鐵路 SL＋DL＋PBK＋DMU 的特別編組。

SPK2300 型冷氣平快車，整修成藍色恢復使用，作為蒸汽機車牽引的專用列車，外觀復古而內裝更新，更可以提高客車的服務品質。於是從 2014 年起，台灣鐵道的觀光列車正式加入新成員，CT273 駐紮在花蓮機務段，成為台鐵仲夏寶島號觀光郵輪式列車的新焦點，CT273 牽引 SPK2300 型冷氣平快車，從此成為固定的編組，行之有年。CT273 因為與日本 C57 型同型，還與 JR 西日本的 C571 締結為姐妹車。

2021 年，因為 COVID–19 新冠肺炎疫情爆發，打亂了原本暑假的仲夏寶島號的運作，直到當年的 10 月才恢復運作。剛好因為 CT273 蒸汽機車整修，於是台鐵用 DT668 蒸汽機車代打，後面加上柴電機車 DL，電源行李車 PBK，以及柴聯車 DMU，成為花東線鐵路 SL＋DL＋PBK＋DMU 的特別編組，創造出仲夏寶島號的奇蹟。由於國人因為疫情無法出國，帶動了國內旅遊的熱度，即便仲夏寶島號玉里到台東的路程很短，票價 1500 元卻依然一位難求。

藍皮解憂號的柴電機車頭，一律採用海軍藍的復古塗裝。

台鐵南廻線鐵路
——藍皮解憂號

　　台鐵南廻線鐵路依山傍海，景色優美，是許多旅人喜歡搭火車，看山看海的首選，而本路線保留台鐵最後的普通車定期班次，因為外觀為藍色，被鐵道迷取名為藍皮。也因為南廻線鐵路，這樣依山傍海的浪漫情懷，被知名作家劉克襄喻為「唯有藍皮，可以解憂」，故稱為「藍皮解憂號」。然而，藍皮解憂號的誕生，是從傳統的普通車所演變而來。

　　普通車，究竟是什麼？是鐵路客運服務的基礎費率，也是台灣鐵路百年的庶民記憶。其實正式名稱是 SPK TPK 無空調客車。因其外觀為藍色，故有「藍皮客車」的暱稱。現在的無空調客車，也就是所謂的昭

❶ 藍皮解憂號的客車廂，一律採用浪漫藍的復古塗裝。

和風客車，歷史悠久，最遠可追溯至「始政四十週年紀念台灣博覽會」那年，也就是昭和十年，1935 年的日本製 SP32000 型，以及台灣光復後，1951 年的日本製 SP32200 型。從此，鋼體化普通客車被大量製造，琳瑯滿目，這批客車包含了普通車、平快車、對號快車三種；普通車、平快車一直維持最低費率，而對號快車至 1988 年 9 月才走入歷史，從此只剩下普（快）車這個費率等級，一直營運到 2020 年 12 月 22 日才結束。

❷ 藍皮解憂號的客車內裝，源自過去被廢除的普通車。

❸ 藍皮解憂號，行走太麻里大橋，感受居高臨下，翻山越嶺的遼闊大景。

然而，不幸的是，隨著台灣鐵路空調化和電氣化，尤其是民國七十年代開始，無空調客車逐步沒落，台灣鐵路的普通車，成為鐵路電氣化完工的輓歌。只要台鐵某條路線電氣化完成，先用電力機車取代柴油機車，無空調客車還能維持一段時間，接著隨著運輸品質優化，下一步無空調客車開始淘汰，被 EMU 通勤電聯車取代，因它沒有別的選擇，就只有黯然下

台的命運。退出代表的意義，無非是科技時代的進步。其實普快車這個費率等級，是一個火車集合體，不是只有SPK TPK無空調客車而已，還包含了DR2000型、DR2050型、DR2510型柴油客車、DR2100–2400型柴油客車，及DR2700型柴油客車等等。只是前面這些客車的淘汰比較早，南迴的SPK TPK無空調客車留用到最後，所以我們以下論述的普通車，包含以上所有無空調車種，不是只有目前所看到的SPK TPK無空調客車而已。

隨著2020年12月22日普通車的退場，聚集了許多民眾的懷念，以及旅客不捨的情緒，在這樣的氛圍下，取而代之的是，藍皮解憂號正式進場，2021年10月23日起，從枋寮行駛到台東。藍皮解憂號固定使用藍色的柴電機車牽引普通車，並維持無空調、可以開窗、擁有骨董級電風扇、嗅得到柴油味等復古風為其特色，只是價格不再是普通車的104元，而是五、六倍以上的價格499至899元。如同仲夏寶島號，「藍皮解憂號」也是由雄獅旅遊公司代為服務，在原本的南迴線鐵路上，讓山海美景與火車組合。

❶ 藍皮解憂號首航行走南迴線，可以開窗看大海，君臨台灣海峽的浪漫景色。
❷ 藍皮解憂號，行走多良站前的鐵路，從車尾端望向大海的美麗景色。

台鐵的奢華火車
——鳴日號

③ 鳴日號的火車頭為 E400 型電力機車，金色圓形的招牌為其特色，暖暖站。

④ 鳴日號的列車乃莒光號所改造，外觀是以黑色與橘色組合。

談到台鐵最新的觀光列車，非「鳴日號」莫屬。這是台鐵局委託「柏成設計」邱柏文設計師，以秋天的風為設計概念，展現美學創新的想法，將莒光號列車加以改造。鳴日號除了提供三排座的商務車廂之外，還有舒適的餐車，讓美景與美味的饗宴結合。2020 年台灣的觀光列車鳴日號，還榮獲日本的「Good Design Award」設計大獎，並交給雄獅旅遊負責經營。

鳴日號於 2020 年 12 月底正式啟航，依照雄獅旅遊的經營理念，鳴日號的登場，顛覆過去把火車當成了旅行交通工具的傳統，轉變成為活動的主角。火車穿梭於台灣島嶼，彷彿是劃過大地的彩筆，在各個角落呈現出的「移動之美」，把台灣豐沛的地景、四周的風景，都裝進了車廂裡。鳴日號的列車外觀，是以黑色與橘色組合，黑色象徵低調的質感，而橘色是莒光號的純色，鳴日號的火車頭為 E400 型電力機車，一樣是黑色與橘色的組合，車頭圓形的招牌為金色。鳴日號商務車艙，使用藍色與灰白色交錯的座椅，是象徵花蓮的大理石淺淺的石紋，窗簾數位排列的格紋，則是泰雅族藝術家尤瑪老師（Yuma Taru）的作品「島嶼・四季」（ISLAND FOUR SEASONS），用不同的顏色像素化，把島嶼、四季中的山色、海光以不同意象呈現在鳴日號中。

2022 年 2 月，鳴日號的升級版出現，「鳴日廚房」主題餐車，展現台灣 2022 鐵道觀光年，對於鐵道觀光旅遊的企圖心，讓昔日台鐵高端的餐車，重新回到

鐵道旅遊的市場。鳴日廚房以菁華饗宴為名，將五星級酒店、商務頭等艙，帶進列車內，讓旅客體驗奢華、尊貴的服務，就是搭乘火車本身的目的。「鳴日廚房」將精緻美饌體驗搬上列車，設計師將台灣在地元素融入餐食，提供優質的用餐體驗。餐車使用黑色為主要色調，搭配鳴日號的招牌金色點綴，打造出優雅沉穩的質感。一覽無遺的開闊窗景，讓旅客在享受美饌同時也能飽覽窗外景緻，並搭配音樂演出，在旅程中提供旅客舒適的感官饗宴。

誠然，由於奢華火車的價位居高不下，只有高端的消費者，才能夠進入到這個車廂中，旅客幾乎都是富豪仕紳，名流貴婦，成為一個上流社會的交流圈。這種觀光列車的概念，早在十九世紀就有，例如英國的普曼列車 Pullman、新版的東方快車 VSOE，以及現今日本九州的七星列車，都是一樣的理念。奢華火車的觀光車廂空間，不是為了美景，而是定位出一個身分地位不凡的社交圈，高端消費力的尊爵移動空間。

❶ 商務車艙的三排座椅，藍色與灰白色交錯，是象徵花蓮的大理石與石紋。

❷ 鳴日號的餐車點心特寫。

❸ 2022 年鳴日號的升級版，「鳴日廚房」菁華饗宴主題餐車。（雄獅旅遊提供）

BOX

• 復刻台鐵觀光號餐車 •

台鐵除了藍皮解憂號、仲夏寶島號、鳴日號之外，還有另外一款觀光列車「環島之星」，觀光列車除了三排座的商務車廂之外，還有舒適的餐車，這也是一般的莒光號列車所沒有的服務。其實，高端的餐車不是現在才有，台灣早年的觀光號、莒光號，曾經掛有一節餐車，內裝美輪美奐，只是後來因為大環境的轉變，而陸續停用。如今國家鐵道博物館籌備處，還特別將退役的莒光號修復，還原當年觀光號餐車的內裝，將它復刻回來，讓國人可以回味一番。

35DC32751

❹ 國家鐵道博物館籌備處，今日保存台鐵觀光號餐車 35DC32751 的外觀。

❺ 國家鐵道博物館籌備處，還原昔日台鐵觀光號餐車的內裝，雖不能品味「口福」，卻可以「大飽眼福」。

由此可知，「觀光鐵道」與「文化資產鐵道」，兩者是不一樣的東西。觀光鐵道是建立一種「精緻的服務」，透過鐵道運行以創造營收為目的，搭配的地景很重要；但是文化資產鐵道是建立一套「動態的博物館」，透過鐵道活動以保存文化資產為目的，地景如何反倒是其次。

如「仲夏寶島號」是在原本的花東線鐵路上，讓花東美景與觀光火車組合，而「藍皮解憂號」是在原本的南迴線鐵路上，讓山海美景與觀光火車組合，成為一種高價精緻的火車服務，讓人賞心悅目，因為觀光鐵道是用來創造營收的。當今台鐵搭配地景路線的觀光主題列車，在台灣環島鐵路方面，雄獅旅遊鳴日號與易遊網環島之星，都是價格不斐的觀光主題火車，尤其是主題餐車讓視覺與味覺結合，使得搭火車旅行成為一種享受。

但是文化資產鐵道則不然，例如虎尾糖廠的馬公厝線，甘蔗小火車看得到卻坐不到，台糖小火車是無空調速度很慢的骨董車輛，地景就是一般農村田野，價格與服務，實在很難與台鐵觀光鐵道相提並論，卻不能因此而忽略其珍貴性。而阿里山鐵路卻很幸運，兩者兼容並具，同時具備觀光鐵道的目的與文化資產鐵道的特質。本書後面的單元，我們透過國際的視野，與筆者環遊世界的經驗，來看世界各國「觀光鐵道」與「文化資產鐵道」的案例。

第 3 章

文化資產鐵道

HERITAGE RAILWAY OF
UNITED KINGDOM

的 誕 生 地
—— 英 國

一列蘇格蘭的柴油客車，正通過英國聞名全
球的鐵道文化資產——愛丁堡的福斯鐵道橋
（Forth Railway Bridge），被 UNESCO 登錄為
世界文化遺產。

文化資產鐵道的源起

英國是世界鐵道的發源地，1825 年從斯托克頓（Stockton）到達靈頓（Darlington），世界第一條公共運輸鐵路開始營運，標準軌距 1435mm 也從此地誕生，推動全球的工業革命與鐵道文明，而殖民時代的大英帝國，也將她的鐵道科技傳送到世界各地。1938 年 7 月 3 日，英國 A4 Mallard 蒸汽機車，以時速 202.8 公里，創造世界最快的蒸汽火車紀錄，今日仍然保存在約克鐵道博物館，英國的鐵道保存成果，仍具有全球領先地位。

由於英國是第二次世界大戰之後，文化資產鐵道的發起國，從 1952 年泰爾依鐵路（Talyllyn Railway）開始，以志工運作節省人力成本，讓鐵道得以保存而重獲新生。堪稱是世界保存鐵道的發源地。所以英國鐵道歷史悠久，法令完備，從公部門到 NGO 非營利組織，HRA 文化資產鐵道協會的法規條款對於傳統鐵道的退場機制，及鐵道文化資產的保存與再利用，是最完善的。因此文化資產鐵道的概念，從英國傳到歐洲大陸，也傳到世界各地。

在英國只要合乎 HRA 的法規去營運的，不論規模大或小，就可以被稱為保存鐵道，因此英國文

❶ 保存鐵道的先驅 Talyllyn Railway，創始於 1952 年，686mm 軌距。
❷ 英國 The Great little trains of Wales，Ffestiniog Railway 的蒸汽火車。
❸ 英國保存鐵道的志工站長與列車長。

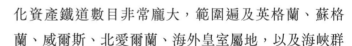

化資產鐵道數目非常龐大，範圍遍及英格蘭、蘇格蘭、威爾斯、北愛爾蘭、海外皇室屬地，以及海峽群島。此外，英國除了傳統鐵路的標準軌1435mm，還有許多有趣的窄軌系統，包含800mm、762mm、610mm、600mm、597mm等軌距，當然也包含在英國的文化資產鐵道裡面。詳細的英國文化資產鐵道的參考名單，請參閱附錄P228。

蘇格蘭、英格蘭、愛爾蘭、威爾斯，英
國四個區塊的文化資產，英國全島圓夢
之旅一次走完的動線規劃。

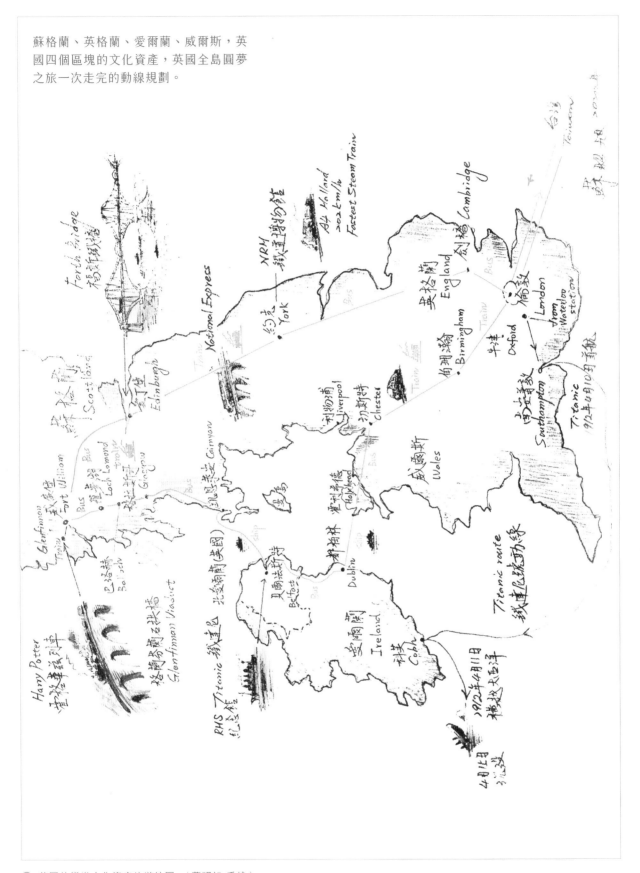

❶ 英國的鐵道文化資產旅遊地圖。(蘇昭旭 手繪)

THE JACOBITE RAILWAY

霍格華茲列車
與格蘭芬蘭拱橋

談到電影《哈利波特》（Harry Potter），大家不禁想到英國蘇格蘭女作家 J．K．羅琳，創作一系列充滿創意的小說。全球的哈利波特迷與鐵道迷，為了探究裡面的英國火車與實景的對照，不辭千里而來，也為英國帶來可觀的觀光財。對粉絲而言，想要完成哈利波特霍格華茲列車的旅程，就是一門認識英國火車與地理的學問。

首先，哈利波特的 9 又 3/4 月台在哪裡？地點在倫敦的王十字車站（King X），這是全球多少哈利波特迷，到此地朝聖的夢想。真的有許多哈利波特迷，會去問車站人員，第 9 月台到底在哪裡？其實原本電影中 9 又 3/4 月台位置，是今日王十字車站 4 至 5 月台之間，倫敦王十字車站的第 4 月台，旁邊的拱廊位置，就是哈利波特手推車穿越時空之處。一開始，車站還會放一個手推車與一個鳥籠當作標示。只不過有一段時間，由於拍照的觀光客實在太多了，影響到正常旅

客上下車動線，後來王十字車站另外設置了一面牆，寫上 9 又 3/4 月台，將手推車移到第 9 月台的旁邊，專人供旅客拍照，旁邊就是王十字車站的哈利波特紀念品商店，販售相關商品，賺進觀光客大把鈔票。

其次，當哈利波特穿越了 9 又 3/4 月台，搭乘的「霍格華茲列車」（Hogwarts Express）又是什麼呢？其實在電影中，霍格華茲列車的蒸汽火車頭，用的是英國大西部鐵路（Great Western Railway），GWR 4900 Class 4–6–0 等級，編號 5972 Olton Hall，動輪上還加上 Hogwarts Castle 銘板，以酒紅色的塗裝出場。該蒸汽火車除了在電影第一集的 9 又 3/4 月台出現之外，還有第二集蒸汽火車通過蘇格蘭的格蘭芬蘭石拱橋，汽車卻在天上飛的名場景。這款火車從此聲名大噪，除了變成英國 Hornby 的火車模型銷售全世界，也成為環球影城哈利波特主題樂園，觀眾拍照的熱門景點。

❶ 英國倫敦的 King X 王十字車站，9 又 3/4 月台的所在地。
❷ 現在王十字車站 9 又 3/4 月台的位置，把世界各國的觀光客集中在這裡，旁邊就是哈利波特的紀念品店。
❸ 王十字車站 9 又 3/4 月台的電影所在位置，穿越魔法世界的拱門就在這裡。

只是，王十字車站在倫敦，搭霍格華茲列車的月台卻到了蘇格蘭？從倫敦到蘇格蘭是如此遙遠，瞬間移動完全不合邏輯，卻是電影的真實取景，這也是讓哈利波特迷從月台到列車，得奔波千里的趣味所在。這段霍格華茲列車的路線，真實的世界，就是蘇格蘭的「雅各彼特」蒸汽火車（The Jacobite），行駛西部高地線（The West Highland Line），這是蘇格蘭火車之旅不可或缺的主題。從格拉斯哥到馬拉格的路段，蘇格蘭高地的鐵路風景，非常的迷人！旅客得從英國倫敦王十字車站搭快車到愛丁堡，再換車到格拉斯哥先過

④ The Jacobite Railway 的蒸汽火車 6P Jubilee class，牽引著西部高地線的客車，電影哈利波特的霍格華茲列車真實版。

⑤ 當火車通過格蘭芬蘭石拱橋時，許多旅客都會探頭出來拍照。

一夜，再搭乘西部高地線；真實世界的人們，終究是無法瞬間移動的。

西部高地線是一條蘇格蘭風景最漂亮，最典型的山岳鐵道，夏季還定期是蒸汽火車行駛。旅客可從格拉斯哥（Glasgow）的皇后街站（Queen Street Station），先搭一般火車到威廉堡站（Fort William），再轉搭雅各彼特蒸汽火車，一直到西岸濱臨大西洋的馬拉格（Mallaig），全長 205 英里（331 公里）。能夠搭乘這段鐵路，是全球哈利波特迷的夢想，這條鐵路使用 LMS Stanier Class 5 4–6–0 蒸汽火車，從威廉堡出發，接近英國境內的最高峰班納維斯峰，此時蒸汽火車奮力爬坡，通過短草荒原的西部高地，尤其是經過二十一孔的格蘭芬蘭馬

蹄形石拱橋（Glenfinnen Viaduct）。當這個火車通過石拱橋，許多旅客會探頭出來拍照。更有不少遊客自己開車來到格蘭芬蘭火車站，事先站好位置拿著相機，等候著火車來臨。這個哈利波特電影中的名景，大家都屏息以待，觀賞火車通過石拱橋，不知不覺中，這班霍格華茲蒸汽火車，已經帶著旅客穿越夢想中的魔法世界。

當雅各彼特蒸汽火車最後來到馬拉格，從這裡可以換巴士，前往印佛尼斯（Inverness）。沿途就會經過尼斯湖（Loch Ness），以及阿克特城堡，這裡就是發現水怪的地點，可搭乘尼斯湖的遊船（Jacobite Warrior），也許會真的看見水怪，也說不定呢！從印佛尼斯車站，就有夜臥快車回到倫敦尤斯頓站（Euston），完成這一趟哈利波特霍格華茲列車的旅程。

電影《哈利波特》的真實世界取材，從倫敦的王十字車站，到 GWR 4900 Class 5972 Olton Hall 蒸汽火車，以及西部高地線格蘭芬蘭石拱橋，都是英國本身所保存的鐵道文化資產，直接運用於電影產業，而非為了拍攝電影，特別去新製真實世界不存在的事物。除了電影本身，讓英國保存鐵道文化資產大放異彩之外，其他所創造的觀光產值，也讓鐵道文化資產得以活化，重獲新生，這是台灣對於發展鐵道觀光，活用鐵道文化資產，該去深思的課題。

❶ 霍格華茲列車的頭等車廂，座位為 2+1 三排座，有餐桌，並提供咖啡與飲茶的服務。

❷ 霍格華茲列車的包廂，可以享受私人的空間。不禁令人想起哈利波特電影中榮恩、妙麗、哈利波特在火車上的第一次相遇。

. BOX .

如何拍攝霍格華茲列車 通過格蘭芬蘭拱橋

拍攝列車通過格蘭芬蘭拱橋並不難，首先從威廉堡站搭一般火車來到格蘭芬蘭站，下車後步行往後走，到拱橋前方高地上，等候雅各彼特蒸汽火車來臨。如果旅客本身就是搭乘雅各彼特蒸汽火車，列車通過格蘭芬蘭拱橋，來到格蘭芬蘭站，會停留約 40 分鐘，這一站就是要交會列車。這時趕緊從格蘭芬蘭火車站下車後步行往後走，即可到高地上拍攝下一班火車通過格蘭芬蘭拱橋的風光。這個高地原本就是觀光勝地，除了拍一般的火車以外，還可以等到下午回程的雅各彼特蒸汽火車，會再次通過這裡，因此有很多人站在高地上守候。拱橋旁邊有一個公路休息站，有公車站，可解決許多等候的民生問題。

在蒸汽火車旅程安排方面，可先在格拉斯哥住宿一晚，從格拉斯哥的皇后街站，搭火車到威廉堡站，再搭乘 10:20 的雅各彼特蒸汽火車，來到馬拉格，之後回程馬拉格 14：10 開車，雅各彼特蒸汽火車返回威廉堡。不過回程那班車，是由蒸汽火車頭倒推著車廂開回去的，感覺沒有去程順著拉那樣好。

BLUEBELL RAILWAY

藍鐘
蒸汽火車之旅

❶ 英國藍鐘蒸汽火車之旅，古典的蒸汽機車緩
　緩進站。
❷ 英國藍鐘蒸汽火車所保存的鐵道餐車。

鐵道原本是交通運輸的體系，但是當鐵道已經逐步失去競爭力，如果賦予文化資產的角色，可以讓它重獲新生，稱之為保存鐵道。政府降低稅金，立法補助，同時以義工為營運人力，財力可自給自足的鐵道。以英國的藍鐘鐵路（Bluebell Railway）與荷蘭的霍倫梅登布利克鐵路（Hoorn Medemblik Railway）最具代表性；台灣的舊山線與阿里山森林鐵道，在文化位階上也屬於保存鐵道的體系。

英國藍鐘鐵路，從金科斯特站（Kingscote station）到謝菲爾德公園站（Sheffield Park station），原長 14.5 公里，這是一條離倫敦比較近的保存鐵道，也是讓旅客了解保存鐵道觀念的絕佳場所。藍鐘鐵路原屬於英國的 L&EGR 線（Lewes and East Grinstead Railway），1878年通車，隨著時代環境的變遷，1958 年 3 月 17 日就停駛了，後來

藍鐘鐵路保存團體（Bluebell Railway Preservation Society）成立，1959 年他們的呼籲受到重視，開始復駛部分路段，並逐步延長路線，目前金科斯特到謝菲爾德公園這段路線，維持著古董蒸汽火車運作。最後一段，從金科斯特到東格林斯特德（East Grinstead）這一段路線，2013 年 3 月 23 日完工通車，路線延長為 17.7 公里。現在從倫敦的維多利亞車站（Victoria station），便可搭電車直達藍鐘鐵路。

① 藍鐘蒸汽火車車廂，有著華麗的古典氣息。
② Kingscote 火車站，是一座典雅的磚造建築。

　　藍鐘鐵路沿途有許多老隧道，還有十九世紀的磚

③ 臂木式號誌機的實際運作，也是保存鐵道的
重點之一。
④ 號誌樓的閘柄，透過人力實體操作臂木式號
誌機，是保存鐵道的重點。

拱橋與鐵道立體交叉，例如 1881 年的磚造隧道，上
方的城牆結構近似台灣苗栗的「功維敘」隧道。在這
裡可以體驗國際上的保存鐵道，指定的六項保存項目
的普世價值，包含車站、隧道、橋樑、路線、機車與
車廂，而蒸汽機車與木造車廂更是
重點；傳統的緩衝式聯結器清晰可
見，而臂木式號誌實際運作，也是
保存的重點之一。雖然藍鐘鐵路是
百年以上的鐵道，然而其所保存的
車廂古老卻不陳舊，甚至有著華麗
的貴族氣息，教人回味不已！

第 ③ 章 文化資產鐵道的誕生地——英國
Heritage Railway of United Kingdom

英國鐵路最高點——史諾頓登山鐵道
Snowdon Mountain Railway

前往英國鐵路最高點，史諾頓登山鐵道火車，
右上角還有一台，您發現了嗎？

英國鐵路最高點
史諾頓登山鐵道

英國的鐵路最高點在威爾斯，而且英國海拔最高的鐵路，也是最陡的登山鐵路也在威爾斯，這條就是威爾斯的史諾頓登山鐵路（Snowdon Mountain Railway），簡稱 SMR。火車頭從後方列車推進，車廂在上山的方向，跟多數歐洲齒軌式的登山鐵道一樣。

該條鐵路 1896 年 2 月通車，軌距 800mm，位於史諾頓國家公園內。從山下的蘭貝里斯（Llanberis）海拔 107.6 公尺，爬升至山頂站（Summit station）海拔 1085 公尺，它採用阿布杜式齒軌（Abt），一路咬合著齒軌，把一節紅色車廂推到山頂，全長 7.53 公里，最大坡度高達 182‰，旅行時間約一小時。

除了正常班次使用柴油火車以外，另外還有特別的班次，使用十九世紀瑞士製造的 SLM 蒸汽火車，至今仍可燒煤運轉，由於這種 800 mm 軌距形式的齒軌蒸汽火車，瑞士 BRB 也有，因此英國的 SMR 還與瑞士的 BRB 締結為姐妹鐵道。火車到山頂車站之後，視野極佳。而史諾頓山頂為英國威爾斯的最高峰，山頂風勢強勁，天氣晴朗時可遠眺北方的聖喬治海峽（St. George Channel）與曼島（Isle of Man）。

❶ 史諾頓登山鐵路，山頂車站海拔 1085 公尺。
❷ 史諾頓登山鐵路 1896 年通車，齒輪與齒軌成為該條鐵路的標誌。

史諾頓海拔 1085 公尺，是英國鐵路最高點？

英國本島雖然是世界鐵道的發源地，然而，山岳鐵路卻遠不如歐洲大陸發達，主要原因是英國境內山地有限，山岳高度也不高，以丘陵地居多。比較著名的山地，有北部的蘇格蘭高地（Scotland highland），中部英格蘭的本寧山地（The Pennines），西南部的威爾斯的坎布萊恩山地（Cambrian Mountain），英國境內的最高峰班納維斯峰（Ben Vevi），不過海拔 1465 公尺。因此，史諾頓海拔 1085 公尺，就已經是英國鐵路最高點了。

相對的，英國火車無法像德國、瑞士、法國阿爾卑斯山的登山鐵道一樣深入雲端，甚至不及台灣阿里山的規模，反而英國殖民地的鐵道海拔比本土為高。這也是英國在殖民地時代，在印度所完成建設的登山鐵道如大吉嶺等，一一被登錄世界遺產的原因。站在國際學者的觀點，那不是印度的登山鐵道登錄世界遺產，而是大英帝國的登山鐵道，被登錄世界遺產。

❸ 史諾頓登山鐵路，Abt 阿布杜式齒軌清晰可見。
❹ 鐵道沿途可見威爾斯的草原與綿羊。

THE GREAT LITTLE TRAIN OF WALES

威爾斯高地的
窄軌鐵道傳奇

　　英國最為人稱道的，就是有許多保存鐵道與蒸汽火車。保存鐵道組織如 HRA（Heritage Railway Association），影響了全英國各地，在英國威爾斯高地，甚至還有一個小火車的保存樂園！它有十二條鐵道路線，每一條路線，都有著百年以上的歷史，曾經因為戰後產業變革而沒落停駛，但是透過 NGO 組織而重生，這就是「威爾斯高地的窄軌鐵道傳奇」（The Great little trains of Wales）。

　　「威爾斯高地的窄軌鐵道傳奇」是一個非營利

❶ Brecon Mountain Railway，603mm 軌距。

❷ Welshpool and Llanfair Light Railway，762mm 軌距。 / ❸ Welshpool 車站的火車上，車窗內樂在其中的孩童。

· BOX ·

威爾斯高地的窄軌鐵道傳奇的
12 條鐵道路線

1. 費斯汀尼鐵路 Ffestiniog Railway，
   597mm 軌距。
2. 威爾斯高地鐵路 Welsh Highland Railway，
   597mm 軌距。
3. 威爾斯高地歷史鐵道 Welsh Highland
   Heritage Railway，597mm 軌距。
4. 蘭貝里斯湖鐵路 Llanberis Lake Railway，
   597mm 軌距。
5. 布雷康登山鐵道 Brecon Mountain
   Railway，603mm 軌距。
6. 萊多爾谷鐵路 Vale of Rheidol Railway，
   603mm 軌距。
7. 貝拉湖鐵路 Bala Lake Railway，
   610mm 軌距。
8. 泰爾依鐵路 Talyllyn Railway，
   686mm 軌距。
9. 韋諾什普爾與蘭菲爾鐵路 Welshpool and
   Llanfair Light Railway，762mm 軌距。
10. 史諾頓登山鐵道 Snowdon Mountain
    Railway，800mm 軌距。
11. 費爾伯恩 Fairbourne Railway，
    311mm 軌距。
12. 科里斯 Corris Railway，686mm 軌距。

NGO 組織，該組織鐵路的軌距很多，包含 800mm、762mm、686mm、610mm、603mm、597mm、311mm 等，這些軌距流傳到許多國家，包含台灣最熟悉的 762mm 五分車，也是來自英國這裡。這些鐵路以費斯汀尼鐵路 (Ffestiniog Railway) 1836 年開業最為古老，為全球輕便鐵道之鼻祖；以泰爾依鐵路 (Talyllyn Railway)1951 年轉型為先鋒，為全球第一個志工運作的鐵道。「威爾斯高地的窄軌鐵道傳奇」的發展，影響全球輕便鐵道的保存與發展。

最古老的費斯汀尼鐵路，從 Blaenau Ffestiniog 到 Porthmadog，全長 21.7 公里，海拔最高點 210 公尺，軌距僅僅 597mm，1836 年通車，可以說是全世界最早的窄軌登山鐵路，雖然曾經在 1946 年一度關閉，卻又很快的在 1955 年，以保存鐵道的角色復活。這條非常特別的輕便鐵道，在坎貝爾站台 (Campbell's Platform) 車站外，還有一個螺旋線鐵路隧道 (Spiral tunnel)。它跟阿里山的獨立山螺旋線一樣，以及路線上兩個 U 形大彎，蒸汽火車就牽引紅色車廂，一路爬升翻山越嶺。而 Fairlie 在世界蒸汽火車史上，更是稀有族群，可以說是英國威爾斯這裡的特產。

第 4 章

歐 洲
HERITAGE RAILWAY OF EUROPE
文 化 資 產
鐵 道 案 例

東歐羅馬尼亞的文化資產鐵道，上維塞烏森林鐵路的蒸汽火車。

歐洲的文化資產鐵道

❶ 東歐保加利亞 Septemvri–Dobrinishte narrow gauge railway。

❷ 瑞士 Glacier Express Landwasser Viaduct，2008 年的世界文化遺產。

　　歐洲文化資產鐵道數目是全世界最多的，扣除英國是發源國在內，光是從西歐到東歐，真的是密密麻麻，宛若繁星。而且因為歐洲的文資法令比較完備，對於鐵道文化的保存有利，可以自籌財源轉型觀光鐵道，這也使得歐洲文化資產鐵道，多數帶有觀光鐵道性質，也都還有維持固定時日的觀光鐵道營運。以下只能限於篇幅，列舉少數。詳細的歐洲文化資產保存鐵道名單，請參閱附錄 P233。

③ 1998 年世界遺產，奧地利薩瑪琳鐵道的山岳風光。

1998 年世界遺產
SEMMERINGBAHN

奧地利
薩瑪琳山岳鐵道

　　保存鐵道的世界桂冠，無非就是登錄世界遺產。當今被 UNESCO 聯合國教科文組織登錄世界遺產的鐵路，至 2022 年共有七條，而全世界第一條，就是奧地利的薩瑪琳山岳鐵道。而薩瑪琳山岳鐵道從 1854 年營運迄今，將近一百七十年歷史，其登山鐵路的成就與光輝，更讓 UNESCO 第一次將鐵道項目，納入世界文化遺產，具有獨特的意義，更是鐵道史上不朽的里程碑。

　　十九世紀中葉，奧匈帝國要建造一條通往地中海港口的鐵道，當時選擇從維也納（Wein）穿越西南邊的薩瑪琳（Semmering）山區，以連接至義大利境內地中海的的里亞斯特（Trieste）港口。對當代鐵道文明而言，英國史蒂芬生 1829 年火車營運方始，人類尚缺乏翻山越嶺鐵道的修築經驗，其難度不言可喻，堪稱為一項舉世矚目的偉大工程。當時在總工程師卡爾·立特·梵吉佳（Carl Ritter Von Ghega）的領軍之下，動員超過二十萬名勞工，從 1848 年開始動工，成就薩

瑪琳鐵路的歷史傳奇。薩瑪琳鐵路穿越十七座橋梁，十五座隧道，而山頂的薩瑪琳鐵路隧道（Semmering Peak Tunnel）海拔 898 公尺，完工當時還是世界鐵路最高點，更使得這項工程別具意義。

　　薩瑪琳鐵道最令人稱道的景觀，除了十五座隧道的古典石造隧道口，還有十七座橫越山谷溪河的石拱橋（Viaduct），完全以人力興建。這一座座聳立山谷間的石拱橋，愈接近山頂路段橋墩愈高，因為當時的興建鷹架技術尚未成熟的關係，有許多座是用「雙層拱橋」（Double deck viaduct）的方式搭建來增加高度。也就是先架設一座石拱橋作為平台，往上再架設另一座石拱橋，因而變成雙層石拱橋，更成為奧地利一項不朽的工程。其中 Breitnstein 至卡爾特林內石拱橋（Kalte Rinne Viaduct）的畫面，還曾經是奧地利 10 元和 20 元鈔票的主題。1854 年 7 月，薩瑪琳鐵道終於完工營運，隔年 1855 年的 7 月，從維也納到義大利的里亞斯特才全線通車。

❶ 奧地利 20 先令鈔票的圖像的真實所在地。歷史圖像與今日現景的對照。兩者穿越時空在此合體，那種感動莫名，若非親臨現場，實在難以言喻。

❷ 薩瑪琳鐵道的創始者 Carl Ritter Von Ghega 工程師，成為昔日 20 先令鈔票的紀念圖像。

❸ 奧地利使用歐元前的貨幣，20 先令鈔票的另一面，以雙層石拱橋作為主題。

④ 奧地利薩瑪琳鐵路不朽的功績，卡爾特林內雙層石拱橋。該座橋長 187 公尺，高 46 公尺，至今仍然是薩瑪琳鐵路的代表景點。

　　一百年之後，隨著時代演進，1952 年鐵路雙線化，薩瑪琳鐵道的隧道與橋梁古蹟並未遭到破壞。例如在完全不另建新路線的前提下，原有的石拱橋加寬橋面，提供雙線化鐵路空間，部分橋墩加寬，隧道口與橋梁舖面盡量選用原有石材，減少破壞讓古蹟今用，保存與實用並行而不悖。最高點的薩瑪琳山頂隧道，原本是座雙線的老隧道，因為當時的火車比較小，在二次大戰後的 1952 年，新建了另一座平行的單線隧道，舊有雙線老隧道，被轉換成單線隧道，並於隔年 2 月重新啟用。

　　1959 年薩瑪琳鐵道完成雙線電氣化，運能大幅增加，客運列車以單機牽引，貨運列車經常以電力機車二重聯牽引，或是列車尾端加掛補機運行上山，原始山岳的障礙，並未使其運輸的功能褪色。經歷將近一百七十年的歲月，薩瑪林鐵道從鐵道文明初始的小火車，演進至五動輪的蒸汽火車，一直進步到時速 160 公里的 IC 列車，這條鐵路始終沒有因時代進步

而遭到毀棄，反而成為古蹟保存與實用現代化平衡的最佳典範。因此奧地利政府在1995年，向UNESCO提出申請登錄世界遺產，1998年12月2日在京都世界遺產會議中獲得通過，成為世界第一條被登錄世界遺產的鐵道。

現今薩瑪琳鐵道的文化資產認定範圍，是從格洛格尼茨（Gloggnitz）到米爾茨楚施拉格（Mürzzuschlag）共41.8公里的路段。火車從格洛格尼茨來到派爾巴赫（Payerbach Reichenau），這裡是薩瑪琳鐵道的文物紀念展示地，包含陳列老火車頭、老照片與相關資料。火車連續跨越兩座石拱橋之後，經過一個很大的U-Turn迴旋上山，緊接著穿越一座座的隧道與石拱橋，其中以最大的雙層卡爾特林內石拱橋最為有名，該座橋長187公尺、高46公尺，至今仍然是薩瑪琳鐵道的代表景點，這裡還曾是一百七十多年前的施工基地。

最後火車來到山頂薩瑪琳車站，包含UNESCO世界遺產紀念碑，與卡爾‧立特‧梵吉佳工程師紀念碑，薩瑪琳鐵路隧道都位於此處。緊接著火車經過最高點薩瑪琳山頂隧道後，開始一路下坡，至山後的車輛基地米爾茨楚施拉格車站，也是登山火車加掛補機（Banking Engine）的場所，卸下補機，回歸至一般正常路線。

❶ 奧地利薩瑪琳鐵路的海拔最高點隧道，海拔898公尺。

❷ 奧地利薩瑪琳鐵路在 1998 年 12 月 2 日，成為 UNESCO 世界第一條被登錄世界文化遺產的鐵道。

東西德邊境的制高點
HARZER SCHMALSPUR BAHNEN

德國布洛肯登山鐵道

❸ HSB 蒸汽機車在森林中奔馳的畫面。

汽笛一聲，輕煙一縷，火車的白煙劃過雪白大地，雪中的蒸汽火車，是鐵道世界最浪漫的體溫。對許多中年民眾而言，早年電影《齊瓦哥醫生》的雪地火車場景，令人印象深刻！日本的電影《鐵道員》、電視影集《鈴蘭》等，更將雪地中火車的情節，刻劃的絲絲入扣。對於生長在亞熱帶的台灣民眾來說，想在雪地的鐵道中駐足，體驗蒸汽火車在大雪紛飛的樹林中奔馳，是不太可能的事。因為歐洲與美洲的蒸汽火車，大多數冬季都不會運行。然而，如果這份浪漫您始終未曾放棄，只要搭乘一次 HSB（Harzer Schmalspur Bahnen）蒸汽火車，會讓您感動一輩子！

坐落於舊東西德邊境的 HSB，起源於 1887 年，是德國中部哈茨山岳（Harz）的鐵道經典。這條鐵路在 1945 年二次大戰結束後，因為東西德的分裂而告中斷，然而隨著 1990 年東西德統一，這條鐵路在全

德國人的期盼下，重新修復營運。有趣的是，山岳的北德最高峰布洛肯山（Brocken），海拔 1142 公尺，是個險要的軍事據點，上面的電波塔是前蘇聯華沙公約組織的基地，以觀測北約組織坦克車的動態，而山下是坦克車基地，今日都成了觀光勝地。即使是曾經高大的柏林圍牆，今日只成為供人憑弔的遺址。

其實德國的蒸汽火車全年無休，在歐洲是個相當的特例，因為冬季雪地鐵軌容易打滑，需要許多輔助設備才能營運。而 HSB 是採用米軌的 BR99 型蒸汽火車，2–10–2 的五動輪結構，給人十足精密之感，就靠德國精密的造車工藝，登山鐵路不打滑，冰天雪地都不怕，完全沒有齒軌的幫助，竟可一次拉上七節客車，克服海拔 941 公尺落差，快速直奔山頂，那種窗外飛逝的速度，會讓置身車廂的旅客非常感動！

❶ HSB 的 Wernigerode 火車站。
❷ Wernigerode 火車站的蒸汽機車轉車台。

HSB 從北邊起點韋爾尼格羅德（Wernigerode）啟航，海拔 234 公尺。蒸汽火車離開了轉車台，在雪地中奮力疾行，一路上連平交道都被大雪淹沒，而車廂裡面充滿著從蒸汽火車輸送來的暖氣，即使置身冰天雪地亦不感到寒冷！火車經過幾個馬蹄彎，可從車窗看見列車尾部的車廂。

火車來到 Drei Annen Hohne 車站，海拔 540 公尺，這是一個往山頂轉車的重要車站。許多人在此地下了車，暖暖的冬陽下，車站的咖啡座，成了難得的冬天

雪糕盛宴。主線從這裡轉車通往布洛肯山，一處又一處的大坡度，蒸汽火車不客氣的往山頂衝，嗚嗚汽笛向山林怒吼！雪地蒸汽火車的煤煙飛向天空，最後轉一個螺旋，來到海拔 1125 公尺最高點的布洛肯山頂車站，冬季經常是大雪紛飛白茫茫一片。這裡是德國女巫的故鄉，山上還有歌德浮士德的紀念雕像，車站到處販售女巫的紀念品。

基本上 HSB 的鐵道是個路網，上山至最高點後，必須回到 Drei Annen Hohne 車站，您可以選擇原路回去韋爾尼格羅德，或是一路南下至諾德森豪 (Nordhausen Nord) 縱貫全程，改天再從格爾恩羅德 (Gernrode) 至 Eisfelder Talmühle，才算全程走完。而往諾德森豪的火車是正向牽引的，回韋爾尼格羅德的蒸汽火車是倒拉著行駛的，如果風雪過大，就增加一

❸ 冬季時 Drei Annen Hohne 車站，HSB 蒸汽機車在此地駐足。

部柴油機車牽引，變成二重連，這些都是相當精采的
畫面。

　　由於德國物價不高，HSB的鐵道票價並不貴，
值得花上幾天深度探索，在諾
德森豪這裡曾經有個長隧道，
是二次大戰德國 V1 與 V2 飛
彈的製造基地，人類飛彈的誕
生地，今日已經開放給民眾參
觀，訴說著許多在歷史課本上
的經典傳奇。除了火車美景，
布洛肯登山鐵道還有許多戰爭
的人文歷史情懷，讓人深思。

❶ HSB 蒸汽機車在雪地的鐵道中駐足，體驗蒸
　汽火車在大雪紛飛的樹林中奔馳，是不太可
　能的事。
❷ 德國布洛肯登山鐵道的蒸汽火車

世界最陡的登山鐵路
PILATUS BAHN

瑞士皮拉特斯山鐵道

③ 最大坡度為 480‰，為世界最陡的登山鐵路，用日文刻印在車廂上，坡度的月台，也成為最好的 tan 三角函數坡度計。

④ 山頂車站，海拔 2132 公尺，繁體中文更是擺在第一位。

　　提到瑞士皮拉特斯山（Pilatus），許多人並不陌生，因為它是瑞士觀光勝地琉森（Luzern）旁的一座山，從琉森市區隔著湖區，便可看到皮拉特斯山。只是許多旅行團為了節省金錢與時間，選擇搭登山纜車，卻錯過了這條富有文化資產身分，科學意義與多項世界紀錄的登山鐵路。而皮拉特斯山頂 Pilatus Kulm，曾經有過龍的傳說，所以龍是代表這座山的吉祥獸，於是皮拉特斯山鐵道，就把龍刻在山腳下。

　　今日瑞士皮拉特斯山鐵道（Pilatus Bahn），是一條舉世聞名與創造多項世界紀錄的登山鐵路。第一個紀錄是，最大坡度為 480‰，為世界最陡的登山鐵路；採用雙輪咬合齒軌洛夏式（Rochers type），全球僅見用於此地；第二，鐵路長度僅短短 4.8 公里，便爬升 1696 公尺，平均坡度 420‰，也是齒軌鐵路的世界第一；第三，火車行駛三十分鐘爬升 1696 公尺，也是世界爬升最快速的齒軌登山鐵路，被譽為人類史上通往

雲端的快速電梯。由於皮拉特斯山鐵路坡度太大，軌道固定以 RC 代替石碴，月台設計成樓梯狀，連電車的構造都變成了斜形，內部座椅成了樓梯，列車以單節運行，皆是其獨到之特色。

　　皮拉特斯山鐵路 1889 年開業，不過並非開業之初即採用電車，一樣經歷過蒸汽火車時代，1937 年電氣化之後變成今日的風貌。今日要搭皮拉特斯山鐵道，必須先從琉森搭普通車，到琉森附近四森林湖畔的阿爾卑那赫斯塔德（Alpnachstad）車站，轉搭皮拉特斯山鐵路。火車自海拔 436 公尺的阿爾卑那赫斯塔德開始登山，由於其坡度大、速度快，讓人誤以為是登山電梯，才一下

❶ 最大坡度為 480‰，為世界最陡的登山鐵路，用繁體中文刻印在車廂上。駕駛員還親自跟我打招呼！
❷ 從後方與大地的角度，就可以明顯感受到驚險的坡度。
❸ Pilatus Bahn 的火車遨遊在雲海之上。

子火車穿入雲霄，雲海翻騰，千山萬壑盡在腳下，不久火車遨遊在雲海之上，抵達海拔最高點 2132 公尺的皮拉特斯山。

火車到達山頂車站，這裡有世界各國語言的標高，而繁體中文更是擺在第一位，教來自台灣的民眾感動不已。車站廣場所見的美麗雲海，歐洲屋脊少女峰等三大名峰聳立雲端，聆聽雲海上的瑞士阿爾卑斯長管合奏，天地和鳴，迴蕩蒼穹！皮拉特斯山鐵路絕非浪得虛名。

CFF VISEU DE SUS

羅馬尼亞的
上維塞烏森林鐵路

❶ 羅馬尼亞的上維塞烏森林鐵路的 Mocanita 蒸汽火車。

❷ 火車來到 Paltin 這一站，冒著大煙，繼續往深山前進。

　　羅馬尼亞的國土境內，有著喀爾巴阡山脈橫亙，傳說阿里山森林鐵路古老的原始景觀，在羅馬尼亞 CFF 這裡被凍齡保存著，竟有如此穿越時空的感動，怎能不跋涉千里，去一探究竟？

　　CFF 是羅馬尼亞語 Caile Ferate Forestiere 的縮寫，意為「森林鐵路」，德國稱之 Waldbahn，或 VASER BAHN，意為「河谷鐵路」，VASER 字源在奧匈帝國的時代，德國地方方言中的「水」。如今德文的水為 Wasser，因此這條鐵路就稱之為 Wassertalbahn，代表以溪流導引木材放流的森林鐵道，同時也是以河谷風景著稱的鐵路。

這條森林鐵道最大的特色，是一種被稱為 Mocanita 的蒸汽火車。「Mocănița」是羅馬尼亞語地方方言，意指窄軌蒸汽火車，鐵道是 760mm 軌距。此類型的蒸汽火車在北邊的馬拉穆列什省，與波可維納的山區保存比較完整，而蒸汽火車行駛在山林之中的魅力，是最吸引觀光客的地方。上維塞烏森林鐵道（CFF Viseu de Sus），位於喀爾巴阡山脈北方，羅馬尼亞與北方烏克蘭邊境交界，馬拉穆列什國家公園（Maramures）裡面，不分春夏秋冬，Mocanita 都運作著。

上維塞烏森林鐵道建造於 1933～1935 年之間，使用 760mm 窄軌系統，如今保留 21.6 公里作為鐵道觀光路線。森林鐵道沿途都是砍伐的木材，火車沿著河谷緩緩前進，道路與村莊稀少，不知不覺，蒸汽火車運行於與世隔絕的山區森林，進入了自然荒野的山谷之中，帶著旅客遠離文明與塵世喧囂的紛擾，進入自然療癒的森林秘境世界。

❸ 這是一條溪流導引木材放流的森林鐵道，也是以河谷風景著稱的鐵路。

❹ 蒸汽火車 Mocanita 沿著河谷緩緩前進，進入了自然荒野的山谷之中。

自從 2007 年以來，上維塞烏森林鐵道成為馬拉穆列什國家公園的一部分，歐洲自然景觀保護區，在全球森林鐵路幾乎已經全面沒落之時，儼然是歐洲最後少數保存的森林鐵路，在喀爾巴阡山脈鐵路 60 公里長的森林鐵道網路，如今仍然有不少蒸汽機車正在運行。還有許多木材被砍伐輸送下來，不論是軌距或景觀，與 762mm 軌距的阿里山森林鐵路十分相似，台灣旅客至此好似穿越時空，回到古老的阿里山森林鐵路。

CIERNY HRON RAILWAY

斯洛伐克的
切尼赫榮森林鐵路

斯洛伐克的切尼赫榮森林鐵路（Cierny Hron Forest Railway）歷史悠久，Cierny Hron 其實指的是黑龍河，在奧匈帝國時期，1908 年開始修建，1909 年，森林木材運輸從巴洛格（Čierny Balog）至赫羅涅茨（Hronec）開始通車。1927 年，開通客運運行，後來鐵路網逐步擴展，總長度達到 131.97 公里，到二十世紀中葉，成為當時捷克斯洛伐克（1918 ~ 1993 年）規模最大的林業鐵路，軌距為 760mm。

不過由於公路運輸崛起，森林鐵路沒落，所以不幸在 1982 年一度關閉，後來被鐵道愛好者以 NGO 組織重新整理修復，1992 年起以觀光鐵路重新運行，如

今屬於 1993 年獨立之後的斯洛伐克，與捷克分離。該鐵路目前呈 T 字形，Chvatimech—Hronec—ierny Balog—Vydrovo 長 17 公里，該鐵路最有名的畫面，就是蒸汽火車穿越足球場的看台前面，看台上面大家卻因為專心看足球，不為所動。2018 年這條鐵路還跟台灣的阿里山森林鐵路締結為姐妹鐵道。

❷ 切尼赫榮森林鐵路，森林中的教堂也是用木頭搭建的。

❸ 切尼赫榮森林鐵道的蒸汽機車，軌距為 760mm。

今日斯洛伐克切尼赫榮森林鐵道基本上不再伐木，已經轉型為保存鐵道，屬於斯洛伐克國家文化遺產，也是經典的東歐保存鐵道之一，風景優美但是班次不多，窄軌蒸汽火車是它的賣點。由於距離首都布拉提斯拉瓦遙遠，最好先住在班斯卡—比斯特里察（Banská Bystrica），然後搭斯洛伐克國鐵的火車，到赫瓦季梅赫（Chvatimech），這裡下車之後，可以接駁至赫羅涅茨，從這裡開始到切爾尼巴洛格車站，就有窄軌小火車可以搭乘。切尼赫榮森林鐵路，沿途有非常豐富的森林景觀，並將木業加工的成果應用於各個領域。鐵路使用開放式客車，讓民眾可以呼吸森林的芬多精，座椅也是木造的結構，搭車的民眾可以下車沿著步道享受森林浴，森林中的教堂也是用木頭搭建的呢！整條鐵路充滿木業的芬芳。

其實斯洛伐克與捷克兩國，都地處東歐的喀爾巴阡山脈，森林資源非常豐富，在奧匈帝國時代，都使用 760mm 軌距為森林鐵道。而 760mm 軌距又稱為「波西尼亞軌距」（Bosnian gauge），有別於英國 762mm 軌距，是英國 762mm 軌距的東歐版，不過兩款軌距的火車是可以互通的。波西尼亞軌距的窄軌鐵道，普遍存在於昔日奧匈帝國與南斯拉夫帝國的時代，現今奧地利、匈牙利、捷克、斯洛伐克、保加利

亞、塞爾維亞、羅馬尼亞等國，涵蓋東歐的阿爾卑斯山、喀爾巴阡山脈、巴爾幹山脈的窄軌鐵道，都還在使用。如今捷克南邊的因德日赫城堡鐵路（Jindřichův Hradec local railway），匈牙利首都布達佩斯西邊山區的兒童鐵道（Gyermekvasút），以及保加利亞穿越洛多皮山脈（Rhodope Mountains）的洛多皮窄軌鐵路（Rhodopenbahn），都是760mm波西尼亞軌距的世界。

① 切尼赫榮森林鐵道的開放式客車，連座椅也是木造的結構。
② 切尼赫榮森林鐵道的運材貨車，間距可以配合木材長度而調整。

塞爾維亞的
八字螺旋
登山鐵路

❸ 從這條登山鐵道半山腰往下看，可以望見山下的 Mokra Gora 站。

台灣的阿里山鐵路，路線在獨立山路段迴旋三圈半，起訖落差兩百多公尺，都是以獨立山的三角點，呈現單一同心圓的結構，尤其是鐵路纏繞獨立山的 8 字形螺旋線，這是除了之字形之外最特別的重點。8 字形螺旋線（loop line in "figure of 8"）這種結構在世界上非常的少，甚至我們認為自己是獨步全球。

其實 8 字形螺旋線，台灣不是世界唯一的，在世界上還有另一個地方，跟阿里山鐵路一模一樣，就是前南斯拉夫共和國（Yugoslavia）的塞爾維亞（Serbia）。最有趣的是，塞爾維亞該鐵路，就是以此 8 字形迴圈

特徵命名，它就稱為 Mokra Gora and Šargan Eight 或是 The Šargan Eight Railway。

其實 The Šargan Eight Railway 這條登山鐵路本身就是個傳奇。在第一次世界大戰結束之後，原屬奧匈帝國的大片領土開始遭到瓜分。1918 年塞爾維亞人、克羅埃西亞人和斯洛維尼亞人組成了南斯拉夫王國，這條鐵路就是在這個南斯拉夫時期開始興建，1925 年之後才誕生，當時以登山鐵道的技術，鐵道也是窄軌的 760mm，跨過 Mokra Gora 的 Šargan 山區，從烏日采連接到亞得里亞海的出海口。

從此經歷過二次世界大戰，以其二戰之後的鐵幕時代，1991 年蘇聯鐵幕瓦解之後，前南斯拉夫王國開始分裂成六個國家，經歷過二十世紀末的塞爾維亞與科索沃戰爭，二十世紀初 The Šargan Eight Railway 以保存鐵道的身分重獲新生，如今這條鐵路還保留國際路線，從塞爾維亞境內的 Mokra Gora，可以延伸到鄰國的波士尼亞 Visegrad，稱為 Sarajevo–Višegrad Railway，因為兩邊昔日同屬南斯拉夫王國呢！所以這條鐵路，不只是屬於塞爾維亞，西部路段屬於鄰國波士尼亞與赫塞哥維納。

❶ Sargan Eight 這條登山鐵路的起點，Mokra Gora 車站，火車站本身也是一個餐廳。

❷ 這條鐵路的客車廂很特別，是前南斯拉夫時代，非常具有波士尼亞風味的古典客車。

❸ 塞爾維亞的八字螺旋，登山鐵路的柴油火車。

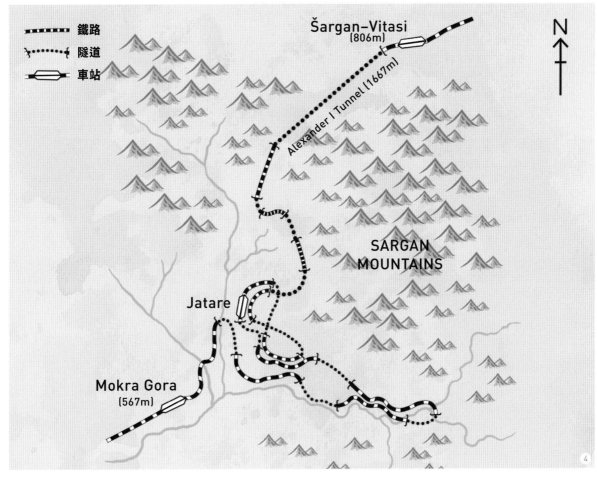

❹ Sargan Eight 登山鐵路地圖

• 森林鐵路比較表 •			
	羅馬尼亞 上維塞烏森林鐵路	塞爾維亞 Šargan Eight 鐵路	台灣 阿里山森林鐵路
興建年代	1933 年	1925 年	1912 年
鐵路軌距	760mm	760mm	762mm
主要鐵道 路線長度	★ 21.6 公里 ★ Vişeu de Sus-Paltin （主線與支線合約 60 公里）	★ 15.44 公里 ★ Mokra Gora-Sargan Vitasi （不包含延伸到鄰國的主線） ★ 轉型觀光鐵道營運	★ 71.4 公里 ★ 嘉義到阿里山 （不包含其他支線） ★ 轉型觀光鐵道營運
相似特色	★ 森林鐵路景觀 ★ Mocanita 蒸汽火車 ★ 轉型觀光鐵道營運	★ 8 字形登山鐵路景觀 ★ JZ 83 蒸汽火車 ★ 海拔 567 公尺的 　 Mokra Gora 車站 ★ 海拔 806 公尺的 　 Sargan Vitasi 車站	★ 森林鐵路景觀 ★ 獨立山 8 字形登山鐵路景觀 ★ Shay 蒸汽火車 ★ 海拔 543 公尺的 　 樟腦寮車站 ★ 海拔 743 公尺的 　 獨立山車站

亞洲的文化資產鐵道最知名的案例，印度大吉嶺喜馬拉雅鐵路。

第 **5** 章

亞　　　洲

HERITAGE RAILWAY OF ASIA

文　化　資　產

鐵　道　案　例

亞洲的文化資產鐵道

　　亞洲文化資產鐵道數目，相較於歐洲是比較少的，即使被列舉認定者，多數屬於過去歐洲殖民的強權所遺留的痕跡，這一點對於亞洲國家是不利的，包含日本、台灣與中國大陸皆然。文化資產鐵道是歐洲所定義的東西，價值認定的標準也是西方的觀點，例如泰國的泰緬鐵路、桂河大橋的故事、印度的山岳鐵路，有三條被登錄世界文化遺產，都是英國殖民時代的產物。2021 年伊朗縱貫鐵道被登錄世界遺產，也有西方強權的遺跡。詳細的亞洲文化資產保存鐵道名單，請參閱附錄 P235。

　　不過，最有意義的是，在英文維基百科與英國所列舉的世界文化資產鐵道名錄，台灣的阿里山鐵路是唯一上榜的鐵路，但是台灣的文資法律，卻沒有文化資產鐵道的配套法規，只能當成一般觀光鐵道去看待，這是十分可惜的事。

3

中國最後的蒸汽火車桃花源
JIAYANG COAL RAILWAY

嘉陽煤礦小火車

❸ 嘉陽煤礦小火車，C2 型蒸汽機車穿越隧道。
❹ 純樸寧靜的芭蕉溝煤礦車廂，是中國最後的蒸汽火車桃花源。

中國四川的芭石鐵路，是目前全中國 762mm 軌距鐵道，仍然維持蒸汽火車的定期客運列車，俗稱嘉陽煤礦小火車 (Jiayang Coal Railway)。這條鐵路從芭蕉溝到石溪，故稱「芭石」鐵路，於 1958 年開工，在 1959 年 7 月 12 日完工通車，有一百零九處彎道與九座隧道，全長有 19.8 公里，沿線共設七個車站。

當時主要建設目的，為將當地山區的煤礦運出，後來演變成當地居民重要的交通工具。這條路線上最為知名的景點，是在菜子壩附近的馬蹄彎風光，蒸汽火車冒起了大煙奮力爬上山去；每年的油菜花季吸引大量的觀光客，火車與後方的阡陌梯田，結合成完美的農村景致風光。另外還有一個蜜蜂岩車站，火車必須一進一退再出發，這個之字形車站，儼然是阿里山鐵路的翻版。

不過，中國 762mm 軌距的鐵路，並非只有芭石鐵路；中國也有為數可觀的森林鐵道，以東北為代表，軌距以 762mm 居多，使用來自俄國與自製的火車，路線坡度也較和緩，包含東北黑龍江的樺南森林

鐵道、葦河森林鐵道、鄭州滎陽的製磚建材廠專用線等等，只不過多數屬於產業鐵道，非公共運輸的鐵道。有趣的是，這種稱為 C2 型四動輪二十八噸的蒸汽機車，是 1958 年中國東北石家莊機械廠與哈爾濱林業機械廠，仿製蘇聯蒸汽機車所研製，大量生產之後，現在幾乎全中國 762mm 軌距的鐵路，都可以看到 C2 型蒸汽機車的蹤跡，幾乎已經成為中國輕便鐵道機車的代表。

原本蒸汽機車保存與運行，在國際上就負有盛名，四川的芭石鐵路又是屬於 762mm 軌距，定期運行的蒸汽機車，因為 762mm 軌距鐵道是少數族群，因此該鐵路在全球輕便鐵道的保存議題上，享有很高的知名度，使得這條鐵路吸引許多外國旅客，成為國際媒體的焦點。甚至許多國際媒體報導中國鐵道之旅，總是會將最慢與最快的結合，芭石鐵路與中國高鐵 CRH、上海磁浮列車 Maglev 相提並論呢！

❶ 火車行經「菜子壩」這一段鐵路，蒸汽火車的煙瀰漫了天空。

❷ 老火車與老婦人一路相伴，典型的中國農村景致風光。

③

③ 印尼的安巴拉哇鐵路，柴油機車 D30023 牽
引旅遊客車運行。

④ 印尼的安巴拉哇鐵路，登山鐵道專用的齒軌
蒸汽機車 B2502。

④

印尼的登山鐵道
——齒軌蒸汽機車

　　在南太平洋的印尼最有名的森林鐵道，是位於
爪哇島上的 CEPU 森林鐵道，以及安巴拉哇鐵路
（Ambarawa Railway）的登山鐵道。
CEPU 的森林鐵道，軌距 1067mm，
雖然不是美國 Shay 蒸汽機車，而是
使用德國製的五動輪蒸汽機車，用
以牽引運材的貨運列車，是一條知
名的保存鐵道。

　　同樣位於爪哇島上的安巴拉哇
鐵路，是一條齒軌的登山鐵道。鐵
路從海拔最低點 474 公尺的安巴拉
哇，爬升至海拔最高點 711 公尺的

貝多諾（Bedono），海拔落差有237公尺。它的蒸汽火車運作跟阿里山鐵路很類似，從列車的後方推進車廂上山。

不過，安巴拉哇鐵路的齒軌蒸汽火車由瑞士 SLM 製造，軌距 1067mm，是具有歐洲風格，相當特別的登山火車。這種蒸汽火車與眾不同，一般蒸汽火車只有左右兩個汽缸，然而該蒸汽火車，卻多了上方推動齒軌動輪的兩個汽缸，成為罕見的四汽缸蒸汽火車。這種蒸汽火車在世界上很少，目前極少數的動態保存，全球除了印度尼吉里登山鐵道（Nilgiri Mountain Railway）、瑞士的巴倫伯格鐵道（Ballenberg Damfbahn）之外，就是爪哇島上的安巴拉哇鐵路。（詳細參閱《世界的蒸汽火車》）

安巴拉哇鐵路原本創業於1873年，不過經過時代的變革，已經朝向保存鐵道與鐵道博物館發展。如今這款特殊的齒軌蒸汽火車，為安巴拉哇鐵路博物館所動態保存，並於 1976 年 10 月 6 日正式開館。旅客可以造訪該博物館鐵道所特別保存的路線 Ambarawa–Bedono–Secang，在 Jambu 與貝多諾兩站之間為齒軌鐵道，體驗最大坡度 65‰，齒軌蒸汽機車登山的無窮魅力。

❶ 安巴拉哇鐵路的旅途風景，印尼當地的農婦，揹著農產的竹簍穿越鐵路。

❷ 安巴拉哇鐵路的登山鐵道，可以看到齒軌的構造。

1999 年世界遺產
DARJEELING HIMALAYAN RAILWAY

印度大吉嶺
喜馬拉雅鐵路

印度大吉嶺喜馬拉雅鐵路（DHR, Darjeeling Hima-layan Railway），興建於十九世紀的英國殖民地時代，1999 年被 UNESCO 登錄世界文化遺產，為全球第二條，與亞洲第一條世界文化遺產鐵路。在全球輕便鐵道領域，享有非常崇高的地位。

由於大吉嶺乃是世界上著名的紅茶產地，當時從 New Jalpaiguri、西里古里（Siliguri）一直到大吉嶺（Darjeeling），必須以鐵路運送紅茶製茶的機器上山，以及運送農產品下山，由英國人完成興建。由於山路曲折，所以用輕便鐵道的方式來運送，坡度不大，只是路線十分彎曲，軌距 610mm，最小曲線半徑只有 17.9 公尺，最大坡度 55.5‰。1881 年通車。當時在興建這條鐵路之時，純粹作為產業鐵道輸送之用，都是屬於殖民時代的經濟建設，與台灣阿里山鐵路的興建背景相類似。

❸ 1999 年世界遺產，印度大吉嶺喜馬拉雅鐵路火車。

第 ⑤ 章

亞洲文化資產鐵道案例
Heritage Railway of Asia

1999 年世界遺產——印度大吉嶺喜馬拉雅鐵路
Darjeeling Himalayan Railway

印度 Siliguri 的鐵道風景。畫面中左側就是大吉嶺喜馬拉雅鐵路，610mm 軌距，人們優閒行走其上，右側是印度國鐵的火車，1676mm 軌距，鐵路軌距大小成為極端的對比。

❶ 這種小火車叫做 Toy Train，是大吉嶺喜馬拉雅鐵路非常具有特色的登山火車。

　　大吉嶺喜馬拉雅鐵路從 New Jalpaiguri 海拔只有 114 公尺，一直爬升到海拔 2076 公尺的大吉嶺。途中的最高點顧姆（Ghum）2258 公尺，還可眺望喜馬拉雅山的世界第三高峰，金城章嘉峰（Kanchenjunga）海拔 8603 公尺。在印度鐵路的文宣上寫著「行走在世界屋頂的鐵道」（The railway on the roof of the world），主線長度達 88 公里，為亞洲的登山鐵路中，最窄小的 610mm 軌距，也是最古老的路線，是大吉嶺喜瑪拉雅鐵路最耀眼的紀錄。

　　雖然，大吉嶺喜馬拉雅鐵路的高度也許不是最高，但是重要的特色幾乎都保留下來，它幾乎集所有登山鐵路之精華，包含四項登山鐵路的工法。首先，DHR 的迴圈與之字形折返，是其保存核心價值之一，如 Chunbati loop、Agony point 和 Batasia loop 等三處迴圈型路線，還有六處之字形、十二個折返等等，在這條鐵路都可以見到。其次，DHR 在 1881 年啟用的英國製蒸汽火車，至今被巧妙的留用下來，如今已經超

②印度大吉嶺喜馬拉雅鐵路火車運行，沿途穿越印度民宅，純樸的風光。

③陳列於印度大吉嶺，1999 年被 UNESCO 登錄世界遺產，大吉嶺喜馬拉雅鐵路的紀念碑。

過一百二十歲。當地把這種小火車叫做「玩具火車」（Toy Train），非常具有特色的登山火車，甚至還陳列於印度鐵道部外面，與德里國家鐵道博物館。

不過，DHR 的蒸汽火車使用到現在，實際上亦難以負荷，有很多火車其實是後來二十世紀新造的。現今大吉嶺鐵道的營運也有所調整，DHR 把所有的蒸汽火車集中在庫爾塞奧恩格（Kurseong）車庫，地位相當於阿里山鐵路的奮起湖車庫；在這個地方更換機車頭，庫爾塞奧恩格以下路段到 New Jalpaiguri，以使用柴油火車運行居多，庫爾塞奧恩格以上路段一直到大吉嶺，以使用蒸汽火車運行居多。不過遇到專車包車運行，還是可以全程使用 Toy Train。

相較於台灣的輕便鐵道保存，以及修復局部路段營運，大吉嶺喜馬拉雅鐵路具有良好的鼓勵與示範功用，對同為亞洲規模相近的阿里山森林鐵路而言，這條鐵路如何能登錄世界遺產，具有許多值得深思的參考價值。

2005 年世界遺產
NILGIRI MOUNTAIN RAILWAY

印度尼吉里登山鐵道

印度尼吉里登山鐵道（NMR, Nilgiri Mountain Railway），則是位於印度的南部，西高止山的附近，也是英國殖民時代的經濟建設，為了運送農產品而鋪設。從梅圖帕萊雅姆（Mettupalayam）到烏提（Ooty），攀登海拔 2600 公尺泰米爾納德的尼吉里山。因為海拔兩千多公尺的尼吉里山（Nilgiri），也是俗稱的「藍山」，是世界知名的藍山紅茶產地。

尼吉里登山鐵道在 1908 年 10 月 15 日通車，全長僅僅 46 公里，有十六座隧道，約需時 3 小時 50 分。但是拜齒軌技術之賜，最大坡度高達 83.3‰，海拔最高點可達 2345.1 公尺，幾乎與阿里山鐵路眠月線的高度相當。

❶ 2005 年世界遺產，印度尼吉里登山鐵道火車。

今日尼吉里登山鐵道，從海拔 325.8 公尺的登山鐵道起點，梅圖帕萊雅姆車站出發，都是以齒軌的蒸汽火車在列車後端推進上山，與台灣的阿里山鐵路相同，沿途風景原始自然，甚至有野生的猴群在車站徘隊等候。印度政府為了保存這種特殊的蒸汽火車運行，不少齒軌的蒸汽機車，已經改成燒重油的版本。

它上下兩排的汽缸與驅動機構，上排驅動齒輪，下排驅動火車的動輪，這樣奇特的機械組合，正是蒸汽火車的奧妙與韻律之所在。

蒸汽火車從列車後方推進，一路上隧道、石造拱橋與鋼梁橋交錯，穿越如詩如幻的森林，鐵道美妙風光令人目不暇給，沿途鐵道的山岳景觀非常壯麗，猶如阿里山塔山的

風景。很快的火車來到 Hill Grove 這個車站，蒸汽火車在此地加水，短暫停靠。但是 Hill Grove 這個車站有很多的猴子，猴子們知道蒸汽火車在此地加水的時間，前來跟觀光客覓食。

緊接著火車來到海拔 1711 公尺的庫奴爾（Coonoor）站，必須更換柴油火車頭 YDM4，以較低坡度繼續爬山，火車攀越鐵路最高點，海拔 2345.1 公尺的勒弗戴爾（Lavedale），最後來到海拔 2203.1 公尺的烏塔卡蒙德（Udagamandalam），也就是烏提終點站。於是在 2005 年，尼吉里登山鐵道再次在世界遺產上叩關成功，讓齒軌登山鐵道，剛好補足世界登山鐵道五大工法中第五項，也讓奇特的登山蒸汽機車保存，獲得世人的重視。

❶ 猴子們知道蒸汽火車在此地停車加水，前來跟觀光客覓食，形成有趣的畫面。
❷ 海拔 1711m Coonoor 站，改用 YDM4 柴油火車頭，繼續爬上山去。

2008 年世界遺產
KALKA SHIMLA RAILWAY

印度卡爾卡
西姆拉鐵路

❸ 2008 年世界遺產，印度卡爾卡西姆拉鐵路火車，西姆拉火車站。
❹ 該鐵路保存的奇特軌道自走客車，上身是汽車，下面卻是火車的輪軸。

　　印度的卡爾卡西姆拉鐵路 (KSR, Kalka Shimla Railway)，也是英國殖民時代的經濟建設，不過並非為了運送農產品，而是為了連接避暑勝地西姆拉(Shimla)。路線位於靠近喜馬拉雅山下的喜馬偕爾省，1903 年 11 月 9 日通車。它採用跟台灣舊東線鐵路與阿里山鐵路完全相同的規格，762mm 軌距鐵路，不只是車廂大小相近，機車頭很相像，連氣笛聲、沿線風景與感覺幾乎沒有兩樣，包含英國的臂木式號誌機仍在運作。火車從海拔 656 公尺的卡爾卡 (Kalka)，一直到海拔 2076 公尺高的西姆拉車站，有一百零七座隧道，最大坡度 30‰，跟台灣舊東線鐵路差不多。

　　雖然，它沒有什麼特殊的工法，只有很多 U 形彎而已，是一條看似平凡的鐵路。不過，它有一項傲視全球的世界紀錄，世界最長的 762mm 軌距鐵路，

長達 96.54 公里，這樣紀錄連大吉嶺喜馬拉雅鐵路都得甘拜下風。如果 1978 年阿里山森林鐵路，未拆除阿里山至塔塔加 20 公里東埔線路段，全長 92.7 公里，則亞洲第二長的 762mm 軌距「登山鐵道」，則非阿里山鐵路莫屬。如果再加上眠月線等其他支線，阿里山鐵路將是全世界最長的 762mm 軌距鐵路。2008 年，卡爾卡西姆拉鐵路被 UNESCO 登錄世界遺產。

事實上，在文化資產領域，「不求第一，但求惟一」，掌握特色的原則，非常重要。印度卡爾卡西姆拉鐵路特別保存的軌道自走客車，這種上身好像汽車下面卻是火車的怪物，幾乎只有在博物館裡才看得到的「活化石」。此外保存拱廊形式的橋梁，也是它的鐵道景觀重點。

印度有五條登山輕便鐵道舉世知名，三條世界遺產鐵路之外，印度還有兩條知名的窄軌登山鐵道。靠近孟買附近有馬泰蘭山鐵路（Matheran Hill Railway），是 610mm 軌距的輕便鐵道。靠近巴基斯坦邊境，還有庚嘉谷鐵路（Kangra Valley Railway）等，從帕坦科特（Pathankot）到喬吉恩達爾納加爾（Joginder Nagar），單程一趟需費時 9 小時，是屬於 762mm 軌距的登山鐵道，火車就和卡爾卡西姆拉鐵路的幾乎一樣。

❶ No.541 Arch Gallery 拱廊形式的橋梁，注意左下角有編號。

❷ 印度卡爾卡西姆拉鐵路，762mm 軌距，火車的大小跟阿里山鐵路一樣。

KHYBER TRAIN SAFARI

巴基斯坦
喀布爾隘口的
沙伐里蒸汽火車

位於印度西北方，中亞地區的巴基斯坦，有一條登上喀布爾隘口的山岳鐵道，最負盛名，稱為喀布爾鐵路（Khyber Railway），又稱為喀布爾沙伐里蒸汽火車（Khyber train safari）。這條鐵路為英國殖民時期所興建，鐵路為印巴大寬軌 1676mm 軌距，從首都伊斯蘭馬巴德，鋪設至阿富汗邊境而停止。由於它的特殊性極高，去過的人極少，還出現在許多世界鐵道旅行家的傳記文學中，成為一條極端神秘的登山鐵道。

喀布爾沙伐里蒸汽火車這條鐵路，於 1982 年一度停止運行，直到 1990 年代，巴基斯坦國鐵以懷舊與歷史之名「A journey into time and history」，開行觀光蒸汽火車。這條保存鐵道路線大約有 50 公里，火車從普沙瓦（Peshawar）出發，穿越三十四座隧道與九十二座橋梁，並且攀登海拔約 1200 公尺的喀布爾隘口（Khyber Pass）停靠，經過將近 5 小時的時間，終點來到蘭地卡托（Landi Kotal），堪稱是中東地區最知名的文化資產保存鐵道。

由於這條鐵路的坡度，高達 40‰，該鐵路的火車運行，必須使用兩部蒸汽機車同步作業，以之字形一進一退登山，並在 Medanak 與 Chagai 兩個車站執行之字形折返，稱之為 W 形狀的折返線。這條鐵路平時並未完全開放，只有觀光的團體預定才會運行，如今保留使用 1920 年代，巴基斯坦傳統的英製蒸汽火車，所以該保存鐵道稱之為巴基斯坦的沙伐里蒸汽火車之旅，其珍貴程度可比美南美洲的巴塔哥尼亞高原蒸汽火車呢！

❸ 巴基斯坦喀布爾隘口沙伐里蒸汽火車。

桂河大橋進行曲
二次大戰的泰緬鐵路傳奇

在赤道附近的泰國，旅遊的文化性十分豐富。尤其泰國西部連接首都曼谷 (Bankok)，經桂河 (The River Kwai) 至緬甸邊境的鐵路，又稱泰緬鐵路 (The Burma–Thailand Railway)，是一條聞名全世界，有著可歌可泣的歷史的傳奇鐵路。

泰緬鐵路經重新整修，原本全長 415 公里，只保留 304 公里的泰國段，111 公里的緬甸段已廢棄。每天火車從曼谷西方的 Nong Pla Duk 行駛至緬甸邊境的 Nam Tok，但沒有進入緬甸境內。其中甘加納汶里府 (Kanchanaburi) 一站，是參觀戰爭博物館的重點站，下一站即「桂河大橋」(Bridge on the River Kwai)。這兩站都是遊客來訪的主要景點。少數觀光團可以直接坐到 Nam Tok，中途會經過死亡鐵道的路段；在 Wampo 附近可以看到桂河上的草屋水上人家，以木頭搭成的火車橋樑，以及整個岩層裸露的山壁和部分被鑿開挖掘成的山洞戰俘監獄，都令人望而生畏！而當地的山光水色，明媚如畫，不免讓人深省人類文明與戰爭的意義為何。

鐵路終點 Nam Tok 附近

❶ Burma-Thailand Railway，電影「桂河大橋」進行曲，訴說著二次大戰的泰緬鐵路傳奇。

❷ 火車在 Wampo，可以看見桂河上的草屋水上人家，木頭搭成的火車橋梁。

③ 今日保存的桂河大橋樣貌。
④ 桂河大橋的故事發生在二次大戰，橋的兩側還放了兩顆大炸彈。

有一座瀑布，風景十分秀麗。今日遊客在此下車後，可於此地騎大象遊森林，泰國的大象力大無窮，是當地居民搬運木材的主要幫手。興建這條鐵路所付出的代價難以想像，但隨著鐵軌的陣陣節奏越過每一根枕木及每一個躺下的生命，心情將難免被觸動。在遠離塵囂的異國旅行滌淨心靈之際，也為那八萬六千多條性命默哀嘆息。

曾有西方人說，全世界知名度最高的觀光橋梁，前三名是：英國泰晤士河上的倫敦橋、美國舊金山港灣的金門大橋，以及泰國的桂河大橋，這樣的說法一點也不為過。因為桂河大橋不僅是泰緬鐵路悲慘故事的縮影，也是電影《桂河大橋》的故事主題。這部在

1960 年代的電影曾獲得多項奧斯卡金像獎,電影主題曲「口哨進行曲」更是膾炙人口,是今日所有吹短笛的小朋友,都要學的曲子。

桂河大橋位於今日泰緬鐵路的甘加納汶里府附近,離首都曼谷坐遊覽車約 2 小時的路程。今天所見的桂河大橋是鋼梁橋,是戰後重建完成的,中間兩個矩形的橋孔,還曾經被沖斷重修,和兩端圓形橋孔不同,火車在通過桂河大橋之後才能通往邊境的 Nam Tok。原本在 1943 年 2 月 3 日首建完成的桂河大橋,是一座大型的木造橋梁,在二次大戰時遭盟軍轟炸而毀壞,原址在今日鋼梁橋下游約 300 多公尺處,可惜今日已經完全找不到當年的遺跡。

許多觀光客會走到桂河大橋上一遊,而當火車要通過時都會把速度放慢,讓橋上的遊客有時間至兩旁避開。不過桂河大橋不止是橋梁本身具有知名度,還有附近的戰爭博物館、盟軍公墓,以及兩部蒸汽火車頭的陳列。其中 C56 型是日本在大戰前,為路線標準較差而設計的輕量化蒸汽火車。二次大戰期間,這些火車被大量運往東南亞作為運輸工具,今日在這裡和曼谷車站各放有一部 C56 型。後來日本將一部泰緬鐵路的蒸汽火車 C5631,運回日本東京靖國神社陳列。

❶ 從曼谷開往桂河大橋的火車,中途交會列車的畫面。

❷ 昔日用於泰緬鐵路,保存於日本靖國神社的 C5631 蒸汽火車。

❸ 昔日火車通過桂河大橋的畫面。

泰緬鐵路的建造過程

1941年10月8日珍珠港事變爆發，日本全面發動太平洋戰爭，1942年2月15日日本攻占新加坡、襲捲了中南半島。在這場戰事中，包含有英國、澳洲、印度等各國俘擄共十三萬八千多人，成為日本興築泰緬鐵路的苦力來源。當時日本為何要建泰緬鐵路？因為日本在1942年6月中途島（Midway）海戰失利之後，逐漸失去了制海權。然而當時日本有許多陸軍部隊，尚駐紮在緬甸及新幾內亞（New Guinea）等鄰近島嶼，平日均賴海軍補給，如此極可能給盟軍切斷海上補給線。所以在1942年6月日本內閣作出決議興建泰緬鐵路，以便從新加坡、吉隆坡等占領地建立陸上運補線至緬甸。另一方面，日軍在中南半島的部隊與中國戰區進攻至四川附近的部隊，也可對中國戰時陪都重慶進行南北包夾。不過，泰緬鐵路雖然完成，但對往後的戰事依然於事無補，日軍節節敗退，直到1945年8月無條件投降為止。

由於在1942年日本作出興建泰緬鐵路的決議，是遠在東京的內閣會議拿著地圖所作的決定。內閣大臣以為連接曼谷至緬甸，是一條地圖上不過四百多公里的路線，殊不知這條路線通過的是全世界最「險惡」的區域。其實早在1910年，英國就曾試圖興建泰緬鐵路，卻由於該地區充滿瘴疫、熱帶性疾病，蚊蚋叢生、毒蛇出沒，還有印度洋的暴風雨季等種種因素，選線測量完成之後終究還是在1912年宣布放棄。所以當這道命令下達至緬甸的日本駐軍時，他們只能無條件的服從去完成，日本陸軍帶領著十幾萬盟軍俘擄，走向一個他們自己都料想不到的悲慘命運。

這條全長415公里，期限被要求於1943年8月完成的鐵路，自1942年6月底，由日軍指揮英國、美國、荷蘭、澳大利亞等戰俘六萬多名，並徵召二十七萬名來自中國、緬甸、泰國、馬來西亞、新加坡等的亞洲軍伕，總數達三十四萬左右的苦力，同時由緬甸及泰國往邊界進行，投入這場艱苦的鐵路鋪設工程。由於工作環境惡劣，期限又短，苦力們不堪負荷，造成死亡人數高達八萬六千多人。這條泰緬鐵路修築工程，平均每修築一公里鐵路要付出207.4條人命的代價，尤其在邊境附近的山區，死亡人數更加慘重。全世界最兇猛的毒蛇，據說是產於泰國的金剛眼鏡王蛇，可以在兩公尺外噴射毒液致人於死，今日在泰國還有毒蛇研究中心。所以在Nam Tok、Wampo這一帶，西方國家還給它取名為死亡鐵道（The Railway of Death），英語文獻更以「一根枕木一條命」（A Life for every sleeper）來形容，由此而知這條鐵路犧牲之慘烈。

第 6 章

澳 洲 和 非 洲
HERITAGE RAILWAY OF
AUSTRALIA AND AFRICA
文 化 資 產
鐵 道 案 例

澳洲經典的文化資產鐵道案例，普芬比利森林鐵路。

澳洲和非洲的
文化資產鐵道

受到過去大英國協的影響，澳洲文化資產鐵道數目是相當多的，澳大利亞由南到北三個大省，三種不同軌距的保存鐵道，多元的資產大放異彩。非洲地區則相對較少，因為經濟較為落後，當地許多珍貴的蒸汽火車，都已經被原來殖民地國家搬回去，例如原本用在非洲的 Garratt 蒸汽機車，如今不少保存於英國運行，不過南非還是保存不少，成為當地最具代表性的文化資產。詳細的澳洲與非洲文化資產保存鐵道名單，請參閱附錄 P236。

古蘭達森林鐵路

古蘭達森林鐵路（Kuranda Scenic Railway），位於澳大利亞北端的凱恩斯，開業於 1891 年，1067mm 軌距，原本是一條採礦開發的產業鐵道，穿越十五個隧道與九十三個彎道，全長 75 公里，最大坡度 30‰，旅行時間約 4 小時 30 分，深具觀光價值，後來從 1936 年起，正式演變成一條觀光鐵道。由於這條鐵路位於昆士蘭的世界遺產地景——熱帶雨林區域（Wet Tropics of Queensland）內，因此這條鐵路利用好幾個 U 形彎，讓火車的海拔高度獲得爬升，旅客從車廂內可以眺望熱帶雨林的風光。

如今欲搭乘古蘭達森林鐵路的火車，旅客列車從凱恩斯出發，一路向上爬升，終點是古蘭達。其中最為知名的兩個景點，一個是火車停在巴倫瀑布（Barron Falls），讓旅客欣賞壯觀的大瀑布風光；另外一個是火車停在斯托尼溪瀑布（Stoney Creek Falls）前面的橋上，

❸ 古蘭達森林鐵路的柴油火車頭，五彩繽紛，猶如鸚鵡一般艷麗。

該橋梁本身就是一個很經典的鋼構橋梁，讓旅客下車拍攝火車，結合瀑布的景觀，深受遊客喜愛。

　　這條森林鐵路使用古典的開窗客車，讓旅客可以呼吸熱帶雨林的空氣，尤其是古蘭達森林鐵路的柴油火車頭，顏色彩繪得非常漂亮，宛如沙灘裝一般艷麗。某些特別的觀光專車，會使用 Savannahlander 柴油客車，這種不鏽鋼車廂，類似台灣的光華號，而特別受到矚目。

❶ 古蘭達森林鐵路的火車運行風光。
❷ 古蘭達森林鐵路火車停在 Stoney Creek Falls 的橋上，變成了郵票。

PUFFING BILLY RAILWAY

普芬比利
森林鐵路

二十一世紀，當阿里山的原始森林景觀幾乎已經不再，壯觀的木橋成為往日雲煙，但在地球上另外一個遙遠的地方，還可以找到阿里山森林鐵道的原始景觀，那裡就是遠在南半球澳洲南端的普芬比利森林鐵路（Puffing Billy Railway）。

普芬比利森林鐵路位於澳洲維多利亞省墨爾本市（Mel-burne）的東方，一座名叫丹頓農山（Dandenong）的森林裡面。這條鐵路採用窄軌 762mm 軌距，與阿里山森林鐵道相同；於西元 1899 年 8 月 1 日開工，從墨爾本的上芬特里峽谷（Upper Ferntree Gully）修築至傑姆布魯克（Gembrook）共 24 公里，並於 1900 年 10 月 18 日正式通車。沿途共設貝爾格雷夫（Belgrave/

❸ 普芬比利森林鐵路的蒸汽火車。
❹ 普芬比利森林鐵路的旅遊起點，Belgrave 火車站。

Monbulk)、孟席斯溪（Menzies Creek）、艾曼羅德（Emerald）、湖濱（Lakeside）、鸚鵡（Cockatoo）及傑姆布魯克六個車站，通車之初主要是將丹頓農山裡的林木、馬鈴薯、水果等農產運下山，然而隨著沿線居民及旅行者的需要，在 1919 年增設了客車。這些情形和阿里山森林鐵道初以伐木運輸為主，1918年起提供旅客便乘，極為相似。

普芬比利森林鐵路在 1920 年代運量達到了顛峰，然而，隨著澳洲公路的逐步發展，以及後來電車路網的興建，普芬比利森林鐵路開始逐漸沒落，由於各種經濟因素，以及部分坍方的不利影響，終於在1953 年 8 月澳洲政府關閉了這條鐵路。不過，因為當地居民反彈聲浪高漲，認為政府當局忽視了他們對小火車的感情，於是在 1955 年，PBPS 鐵道保存協會（Puffing Billy Preservation Society）正式成立，他們向政府提出各種營運財務將不虞匱乏的保證，大量使用志工，有組織的管理，以保存鐵道的方式加以經營，於是重新獲得轉機。1977 年國會通過艾曼羅德觀光鐵路委員會接管該鐵路，並和維多利亞鐵路（VR）共同經營。

1962 年 7 月，在地方民眾的熱烈支持之下，這條鐵路以貝爾格雷夫為基地重新開張。原先上芬特里峽谷至貝爾格雷夫約 5 公里的路段改建成 1600mm 寬軌，連接來自城市的電車捷運系統。民眾自貝爾格雷夫電車站下車之後，步行至普芬比利森林鐵路的貝爾格雷夫站搭乘 762mm 窄軌的蒸氣火車，前往丹頓農山中享受森林之趣。其中貝爾格雷夫站至湖濱站共 13

❶ 阿里山鐵路 14 號蒸汽火車，被送到這裡 Puffing Billy Railway 的車庫保存。

❷ 湯馬仕小火車，也在這裡的車庫被保存完好，左一為作者。

公里,車程為 55 分鐘,這也是一般營運的路線,少數班次延長至 24 公里的傑姆布魯克,至少需要花 1 小時又 48 分才能走完它。

相較於阿里山森林鐵路,從海拔 30 公尺到 2274 公尺,長達 71.9 公里,而且需三個半小時的車程,普芬比利森林鐵路顯然規模小得多。貝爾格雷夫海拔僅有 227.7 公尺,至湖濱才 242 公尺,即使是終點傑姆布魯克,亦不過 322 公尺,實在令人有小巫見大巫之感。不過沿途林相整齊,沒有濫墾濫建,不論遠眺或近觀,都十分自然優雅,尤其是原始鐵道景觀的保存,從最著名的蒙布克溪棧橋 (Trestle Bridge),到每一個車站皆是木造車站,讓人有一種搭火車即走進原始自然森林國度,以及體驗舊時代的鐵道旅行之感,這正是阿里山森林鐵路所不足之

❸ 普芬比利森林鐵路也有少數的柴油機車,這是 DH5。
❹ 最大型的 Garratt 蒸汽火車,可以拉最長的列車。

處，無怪乎每年有來自全球各地二十五萬人次的遊客來搭乘普芬比利森林鐵路。

普芬比利森林鐵路的蒸汽火車，是二十世紀初開拓時期所遺留的，共有五部火車，全部使用古老的「蒸汽」火車和「木造」客車，是它最引人入勝的賣點，同樣是 762mm 軌距的蒸汽火車，除了 Shay，還有 Climax。1972 年台灣林務局為了敦睦邦誼，特別送了一部阿里山鐵路 14 號蒸汽火車，來到孟席斯溪車站的窄軌火車博物館，如今依然保存在此。

而普芬比利森林鐵路經營的最大特色，就是它的木造客車窗戶，完全沒有玻璃，只以兩個鐵欄杆圍著，民眾可以親近大自然、呼吸森林的芬多精，不過由於曾發生過意外，目前禁止手腳伸出車外。普芬比利森林鐵路全程沒有隧道，路線起伏亦不大，這原本是個路線過於平凡的「缺點」，卻因為客車開放，讓旅客在搭乘中舒適享受自然，竟成為最大的「優點」，因此，鐵道的行銷往往是打破成規的思維與創意，找出屬於它最大的特點。想靠用娛樂事業或委外經營去解決鐵道營運問題，經營者的巧思才是生存最大的關鍵，這一點很值得台灣學習與參考。

❶ 普芬比利森林鐵路的木棧橋 Trestles，喚醒阿里山鐵路的原始記憶。

❷ 回程的蒸汽火車倒拉客車，通過森林鐵路木棧橋的風光。

THE GREAT ZIG ZAG RAILWAY

藍山國家公園的
之字形鐵路

❸ The Great Zig Zag Railway 的水箱式蒸汽機車（tender steam locomotive）。（Kieren 攝）
❹ 藍山鐵路有兩種火車，黑色和藍色的。

大折返鐵路（The Great Zig Zag Railway），也就是之字形鐵路，位於澳大利亞新南威爾斯省（New South Wales），雪梨東方的藍山國家公園（Blue Mountain）內。在 1860 年代，當時為了大西部鐵路（The Great Western Railway），從藍山的頂端通達利特高溪谷(Lithgow Valley)，於是授命約翰・懷頓（John Whitton）進行設計，以三段之字形的方式，從山頂克拉倫斯（Clarence）海拔高 1115 公尺，至最低點 Bottom Points 海拔 994 公尺，上下落差 121 公尺，1869 年 10 月 18 日通車啟用，對當時而言，是一項重大的鐵路工程。如今約翰・懷頓紀念碑，保存於雪梨中央車站裡面供世人景仰。

然而隨著時代的進步與貨運需求的增加，原本單線的鐵路與之字形的大坡度，成為危險的路線瓶頸。1910 年 10 月 16 日，一條雙線與十個隧道的新線通車，坡度從原本的 23.8‰ 降至 11.1‰，運輸時間也節省 30

從 Top Point 的最高點位置，可以看到三段不同高度的路線，看鐵道通過上層
與下層的海拔落差，也看到之字形折返的結構，體會 Great Zig Zag 的含意。
最下面的電氣化路線，是從雪梨通往利特高的鐵路新線。

分鐘，這個路段便不再使用。然而後來
人們珍惜這項古蹟的歷史價值，1975 年
逐步修復與局部開放這個路段，作為觀
光鐵路復駛，類似台灣的舊山線。終於
在一百一十九年之後的 1988 年 10 月 29
日，大折返鐵路重新營運對外開放[註]。

今日從雪梨搭乘電車開往利特高，
可以到達當年之字形路線的 Bottom
Points 車站下車，然後換搭觀光蒸汽火
車上山。中間經過 Top Points 車站折返，
至頂端的克拉倫斯車站，沿途火車通過
三座石拱橋，是該路線最大勝景。澳洲
大折返鐵路與奧地利的薩瑪琳山岳鐵
路，有諸多相似之處，包含興建年代、
石拱橋等古蹟保存，然而後者更偏重於之字形路線的
奇觀，由此可以見證登山鐵路五大工法的普世價值。

❶ The Great Zig Zag Railway 的 tank steam
locomotive，冒煙進站的畫面。
❷ The Great Zig Zag Railway 的路線結構圖。

註：2012 年大折返鐵路又再次關閉，至本書出版之時尚未開放。

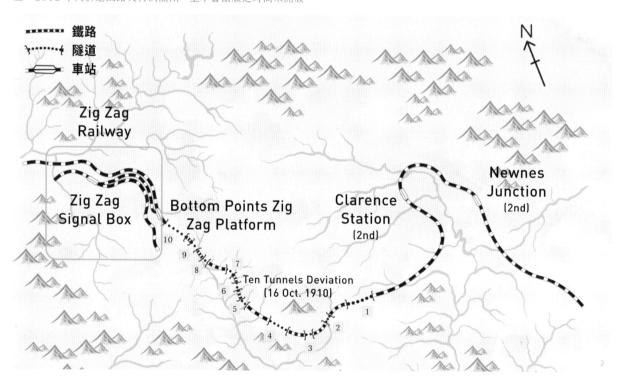

鐵路
隧道
車站

Zig Zag
Railway

Zig Zag
Signal Box

Bottom Points Zig
Zag Platform

Clarence
Station
(2nd)

Newnes
Junction
(2nd)

10
9
8
7
Ten Tunnels Deviation
(16 Oct. 1910)
6
5
4
3
2
1

N

塔斯馬尼亞島上的
齒軌登山鐵道

BOX

・塔斯馬尼亞島的特殊蒸汽火車・

世界上有一款特殊的蒸汽火車，是屬於澳大
利亞的塔斯馬尼亞島上的物種，就是 Garratt
蒸汽機車。它是英國的天才火車發明家赫伯
特・威廉・加拉特（Herbert William Garratt,
1864～1913），於 1908 年發明後取得專
利，授權給英國拜爾孔雀機車公司（Beyer &
Peacock）製造。製造之初，這款 Garratt 在
世界火車分類學上沒有專門的名稱，因為被
用於塔斯馬尼亞島的登山鐵路，被稱為 TGR
（Tasmanian Government Railways）K class。
蒸汽機車駕駛室在中間，有兩組汽缸，前後
各有兩個動輪與兩個獨立水箱，可以延長火
車的續航力。

　　全世界的海島，有登山鐵路並不多，尤其是超過
海拔 1000 公尺者，絕對很少見，這也就是阿里山森
林鐵路，海拔高度達 2451 公尺，非常珍貴的理由。
目前全球海島有登山鐵路，超過海拔 1000 公尺有案
可查者，就只在澳大利亞南邊塔斯馬尼亞島上的西
岸荒野鐵道（West Coast Wilderness Railway）。

　　這是一條開發背景，類似阿里山鐵路的森林鐵
道，該鐵路起源於 1897 年來爾山礦業（Mount Lyell
Mining）的開發而鋪設，1899 年 11 月 1 日通車，最大
坡度 62.5‰。還是使用最早期的 Garratt 蒸汽機車，並
使用與台鐵相同的 1067mm 軌距。不過終究這是一條

③ West Coast Wilderness Railway，塔斯馬尼
亞島上的齒軌鐵道蒸汽火車。

產業鐵道，隨著伐木時代的結束，該鐵路在 1963 年 8 月 10 日結束營運，原始的鐵道文化景觀不再，十分可惜。

　　該鐵路停駛之後，隨著當地鐵道保存意識的崛起，在經過整修之後，於 2002 年 12 月 27 日又重新營運，使用 ABT 的齒軌登山鐵道，路線有 35 公里長，從海拔最低點帆船賽點（Regatta Point），透過 ABT 齒軌的結構，爬升至海拔最高點皇后鎮（Queenstown），而且主要是以兩動軸的蒸汽小火車為主，柴油機車為輔，牽引客車廂作為觀光用途，沿途有著非常茂密的森林景觀。

　　其實，由於這樣的坡度，還不至於使用齒軌的程度，但是這也成為其特色，因此蒸汽機車在前方牽引，而非在後方推進。不過，由於它是大洋洲最南端的登山鐵道，而受到全球的矚目，目前已經成為塔斯馬尼亞的重要觀光景點。

❶ West Coast Wilderness Railway 的鐵道木棧橋風景。
❷ West Coast Wilderness Railway 的荒野森林鐵道風光，十分迷人。

紐西蘭仙蒂鎮的蒸汽火車

紐西蘭是南太平洋上美麗的島嶼國家，分成南島與北島，島上美麗的雪山與湖泊遍布。尤其是南島上高原景觀，冬季時雪峰綿延，荒禿高原，與南美洲的安地斯山頗有神似。紐西蘭鐵路的軌距 1067mm 與台灣相同，連柴電機車的型式都似曾相識，鐵道風景有馳騁花東縱谷之感。由於位於南半球，所以季節相反，北半球冬季，卻是紐西蘭蒸汽火車觀光運行的夏季。

紐西蘭的山岳鐵道集中在南島。其中最有名者如阿爾卑斯高山火車（Tranz Alpine），從基督城（Christ-church）到格雷茅斯（Greymouth），跨越紐西蘭國土中央的阿爾卑斯山（Alpine）。其終點格雷茅斯附近有一條很短的仙蒂鎮森林鐵道（Shanty Town Railway），除了傳統英國蒸汽機車，還有美國森林鐵路的 Climax 機車。這兩條鐵路為紐西蘭比較知名的路線。

在美洲、紐澳等國家經常有淘金鎮、森林鋸木

❸ Shanty town Railway，紐西蘭仙蒂鎮的蒸汽火車。

❶ 仙蒂鎮森林鐵道的終點，會讓遊客下車拍照，並登上蒸汽機車參觀。

場等產業遺址所轉型而成的鐵道園區，成為懷舊主題樂園。在園區裡面除了保存一些工業設備，緬懷舊日時光之外，包含動態復駛一些古董蒸汽火車，也會成為重要的賣點。而位於西岸大城格雷茅斯南邊的仙蒂鎮，便是著名的例子。

　　仙蒂鎮森林鐵道原本是位於 Rutherglen 附近的森林鋸木場鐵路（Sawmilling Firm Tramway），1971 年開始轉型開發為森林觀光鐵道，並以美國西部拓荒鎮的主題而開發。仙蒂鎮森林鐵道雖然只有短短一公里穿梭於灌木叢林，依然有 33‰ 的坡度，臂木式號誌與木造車站應有盡有。其實，園區保存的蒸汽火車，與當地產業歷史並無直接關聯，仙蒂鎮森林鐵道使用的三動軸蒸汽火車為 1896 年英國 Glasgow 製，以及美國森林鐵道赫赫有名的 Climax，為 1913 年美國賓州製造。蒸汽火車牽引兩節木造客車穿越森林，抵達終點會讓遊客下車拍照，並登上蒸汽機車參觀，再返回原出發

140　第 ⑥ 章　澳洲和非洲文化資產鐵道案例　紐西蘭仙蒂鎮的蒸汽火車
Heritage Railway of Australia and Africa　Shanty town Railway

地，或選擇步行回程。

此外，紐西蘭南島還有幾條推薦的保存鐵道路線：

(1) 泰伊里峽谷鐵道 Taieri Gorge Railway

從南島的但尼丁（Dunedin）到米德鎮（Middle-march），全長約 77 公里。這條鐵路主要的景觀是懸崖絕壁的陡峭峽谷，宛如月球表面的惡地形，沿途經過十座隧道。列車以柴油動力牽引，尾節有瞭望台的景觀車廂，經過 Mullocky 河高 50 公尺的鋼構高架橋著名景點，會停車讓遊客下車拍照。

(2) 皇后鎮之星 Kinston Flyer

這是紐西蘭最有名的蒸氣火車之旅，從南島的皇后鎮到費爾賴（Fairlight），火車沿著雪山與高山湖泊瓦卡蒂普湖（Lake Wakatipu），14 公里的旅程，蒸汽火車牽引綠色古典木造客車，奔馳於高原之上，十足懷舊風情，但限夏季行駛。

(3) 里姆塔卡傾斜鐵路 Rimutaka Incline Railway

這是一條位於北島威靈頓（Wellington）附近，從上哈特（Upper）至費瑟斯頓（Featherston），非常獨特的登山鐵道。類似齒軌的構造，在鐵軌中間鋪設一條較高的中央軌（Centre-rail），以增加磨擦力。從峰頂（Summit）到十字溪（Cross Creek）的登山路段，要用三軌的蒸汽機車運行，是紐西蘭著名的鐵道文化資產。

台灣許多停產的糖廠，以及太平山、羅東林鐵竹林站、嘉義阿里山北門森林鐵道車輛展示場等，其園區鐵道完整而豐富，其實都可以作為保存鐵道、蒸汽機車復活短途運轉的場所，紐西蘭仙蒂鎮的例子值得作為參考。

非洲厄利垂亞的登山鐵道

位於非洲的厄利垂亞（Eritrea），又名厄立特里亞，有一條在殖民地時代，衣索比亞所興建的一條很特別的登山鐵道。從 1887 年到 1932 年，由當時的義大利殖民統治者所興建，軌距是十分特別的窄軌 950mm，而非法國或瑞士常見的 1000mm 軌距。當時為了從紅海的米撒瓦（Massawa）港口，連結該國最大都市阿斯馬拉（Asmara），然後通往蘇丹（Sudan）邊境的 Bishia，成為一條經濟運輸的幹線。

不過，二次大戰之後，這條鐵路因為當地戰亂頻仍，而遭到破壞，在 1975 年暫時劃下句點。1993 年獨立戰爭結束，厄利垂亞正式從衣索比亞獨立出來，厄利垂亞總統宣示要重建這個國家，這條鐵路被納入經濟建設的計畫，因此重新獲得重視。直到 2003 年，這條鐵路從米撒瓦到阿斯馬拉的路段，118 公里重新興建完成，現在成為一條保存鐵道與經典觀光路線。

米薩瓦—阿斯馬拉鐵路有很多很精采的登山路段，連續的 U 形彎與馬蹄彎，火車出現不同層的高度，曲線半徑僅有 100 公尺左右，攀爬 33‰ 的大陡坡，讓許多外國觀光客不遠千里而來。雖然當地百姓貧窮，

還留用許多古老的蒸汽機車，及自走客車，並非現代化的觀光客車。但是對於外國觀光客而言，看著古老的蒸汽機車，冒著大煙，氣喘呼呼的爬山，就過足了乾癮，成為來自歐洲許多背包客與鐵道迷，來到厄利垂亞朝聖的地點。

第 7 章

美 洲
HERITAGE RAILWAY OF AMERICAS
文 化 資 產
鐵 道 案 例

美洲的文化資產鐵道案例，以 Shay 蒸汽機車的保存運行，最具代表性。

美洲的文化資產鐵道

❶ 美國的 Shay 蒸汽火車，是拉丁美洲具代表性
　的鐵道文化資產。
❷ 美國的蒸汽火車，行駛森林鐵道風光。

　　拉丁美洲文化資產鐵道數目是相當多的，而且多數屬於 NGO 私人性質，以及 NGO 非政府組織。北美洲的加拿大與美國，因為經濟相對富裕，不少文化資產鐵道最後發展為地方社區遊憩事業，加上公路遠比客運鐵路發達，沒有鐵路聯外的交通系統，絕大多數必須開車去遊覽。而中南美洲其實多數跟殖民地時代的經濟開發有關，有不少是登山鐵道，尤其是安地斯山，透過企業化經營，文化資產鐵道變成觀光鐵道的案例很多，秘魯馬丘比丘窄軌登山鐵路與阿根廷雲端的鐵路，就是最好的例子。詳細的美洲文化資產保存鐵道名單，請參閱附錄 P238。

ROARING CAMP
NARROW GAUGE RAILROAD

美國
羅林紅杉公園的
森林鐵道

❸ 美國羅林紅杉公園的森林鐵道蒸汽火車，穿越
森林木棧橋的美麗風光。

　　羅林紅杉公園的森林鐵道（Roaring Camp Narrow Gauge Railroad），位於加州聖塔克魯茲（Santa Cruz）附近，是台灣近幾年來知名度頗高的森林鐵道，因為許多高價位的美國國家公園的旅行團，行經舊金山幾乎都會安排到此一遊。由於阿里山鐵路 Shay 蒸汽火車的典故，使得羅林紅杉公園的森林鐵道的風光，讓台灣遊客備覺親切！

　　這條森林鐵路起源於聖塔克魯茲山區 1880 年代的伐木鐵道，1958 年將原有歷史路線重建，包含木構車站與木棧橋，並以 Shay 蒸汽火車復駛為最大賣點，路線中有兩個之字形折返點，最大坡度 87‰，鐵路窄軌 914mm，旅客可以感受火車登山極大的坡度。這條森林鐵路與優勝美地國家公園的特色一樣，旅客坐在沒有屋頂的火車廂，也就是開放式客車（Opened Gondola），在 Shay 蒸汽火車的帶領下，旅客赤裸裸的穿越古木參天的紅木森林，與自然融合為一。

尤其是 Shay 蒸汽火車，穿越森林鐵道的木棧橋，
那曾經是阿里山鐵路最熟悉的記憶。蒸汽火車到達山
頂終點 Bear Mountain，讓遊客下車拍照，隨即繞一
圈，進入原路線下山，回程時還有蒸汽火車噴汽秀，
博得遊客一陣熱烈歡呼！

❶ 開放式的客車廂，與傳統的客車廂，穿越森林的木棧橋。

❷ 美國森林鐵道開放式的客車廂，車廂的視野遼闊，十分特別。

❸ 美國 Roaring Camp Shay 蒸汽機車，窄軌 914mm。

④

DURANGO & SILVERTON NARROW GAUGE RAILROAD

美國杜蘭哥窄軌登山鐵路

④ 美國杜蘭哥窄軌登山鐵路蒸汽火車。

　　台灣最有名的登山鐵路，是阿里山森林鐵路；瑞士最知名的登山鐵路，是冰河列車（Glacier Express）；如果美國有一條全美鐵道風景之最，亦被稱為世界十大觀光鐵路的登山鐵路，則非杜蘭哥窄軌登山鐵路（Durango & Silverton Narrow Gauge Railroad）莫屬。這條鐵路台灣旅客去過的極少，然而時常出現在西部電影與探索頻道節目中、國家地理雜誌上，遠近馳名。

　　杜蘭哥窄軌登山鐵路原本是丹佛和格蘭德鐵路（Denver & Rio Grande Railway）的一部分，1881 年開始修建，1882 年 7 月杜蘭哥（Durango）至席爾佛頓（Silverton）的路線完工，並開始營運。這條鐵路從海拔最低點 1897 公尺的杜蘭哥，途經壯麗的喀斯喀特峽谷（Cascade Canyon），至海拔最高點 2835 公尺的席爾佛頓，海拔落差為 938 公尺，全長 73.4 公里，窄軌 914mm，旅行時間約 3 小時 30 分。沿著岩石峭壁與科羅拉多河谷行駛，旅客看到深邃的峽谷無不驚嘆，

猶如鐵道鋪設在太魯閣中橫公路上
面一般。

　　這條鐵路也是世界少數全程
以蒸汽火車運行的登山鐵路，全程
使用 K–28 與、K–36 與 K–37，Rio
Grande K–class 這款極度粗曠的蒸汽
火車，牽引黃色的木造客車，冒著
濃濃黑煙氣勢磅礡的出發前往杜蘭
哥。鐵路沿途可欣賞斷崖岩壁的瀑
布、河谷風光，以及蒸汽機車不時
向外噴水的人造彩虹！在歡樂氣氛中，認識科羅拉多
的山景之美，與曾經擁有的淘金鎮傳奇。注意這條鐵
路有季節性營運，只開行 5 月至 10 月底。

❶ Rio Grande K36 class 480 號，前面還有鏟雪
　器，是窄軌的蒸汽火車。
❷ 蒸汽火車沿著岩石峭壁與深邃的河谷行駛，
　鐵路為窄軌 3 英尺，914mm。

③ 美國華盛頓山登山鐵路的蒸汽火車。1869 年
開業，是全世界第一條齒軌登山鐵路。

④ 1871 年，歐洲第一條齒軌登山鐵路，瑞士的
Rigi Bahn，與美國華盛頓山登山鐵路，屬於
相同的齒軌技術，都是世界最早的齒軌登山
鐵路。

美國華盛頓山登山鐵路

　　美國華盛頓山登山鐵路（Mount Washington Rail-
way），位於美國東北角阿帕拉契山脈的頂端，是全
世界第一條齒軌登山鐵路。該鐵
路 1869 年在新罕布夏州（New
Hampshire）誕生，齒軌種類為
Riggenbach，兩年後 1871 年，歐洲
第一條齒軌登山鐵路，瑞士的里吉
山鐵路（Rigi Bahn）才開始營運，
所以有著劃時代的意義。對這條鐵
路而言，瑞士工程師 Riggenbach 先
在這裡成功的實驗齒軌這種技術，
可以克服鐵路的大坡度，讓火車登
上山去，然後才回自己的家鄉瑞士

建造這種鐵路。全球的齒軌登山鐵路,在往後四十年之內,如雨後春筍般發展,從歐洲分布到全球。

　　美國華盛頓山登山鐵路的軌距為 1422 mm,這是完全獨立的登山鐵路系統,完全不考慮其通用性。為了保持登山火車鍋爐的水平,所以設計傾斜鍋爐形式的蒸汽火車,蒸汽火車從後方推進一節車廂,以緩慢的速度登山。鐵路從山腳下的 Marshfield 海拔 771 公尺,爬升至山頂海拔最高點 1917 公尺,長僅 5.2 公里,海拔落差卻達 1146 公尺,最大坡度達 374.1‰,僅次於瑞士皮拉圖斯山鐵路 (Pilatus Bahn) 480‰,為全球第二,以當時的技術而言相當驚人。

　　然而,直到今天華盛頓山登山鐵路,仍然保留蒸汽火車推進木造客車的傳統,難能可貴,旅客仍可窺見一百四十多年前的風貌,這條鐵路可謂人類登山鐵道的活化石。華盛頓山登山鐵路旅行時間,含山頂停留 20 分往返約 3 小時。

❶ Mount Washington Railway 2 號的蒸汽火車,從後方推進車廂,軌距為 1422 mm。

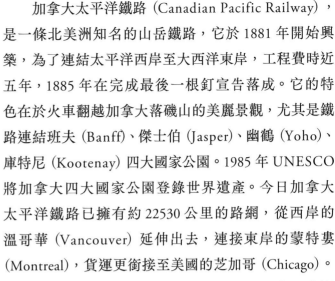

CANADIAN PACIFIC RAILWAY SPIRAL TUNNEL

加拿大落磯山太平洋鐵路

❷ 加拿大太平洋鐵路東岸的車站，魁北克。
❸ 加拿大太平洋鐵路西岸的車站，溫哥華。

加拿大太平洋鐵路（Canadian Pacific Railway），是一條北美洲知名的山岳鐵路，它於 1881 年開始興築，為了連結太平洋西岸至大西洋東岸，工程費時近五年，1885 年在完成最後一根釘宣告落成。它的特色在於火車翻越加拿大落磯山的美麗景觀，尤其是鐵路連結班夫（Banff）、傑士伯（Jasper）、幽鶴（Yoho）、庫特尼（Kootenay）四大國家公園。1985 年 UNESCO 將加拿大四大國家公園登錄世界遺產。今日加拿大太平洋鐵路已擁有約 22530 公里的路網，從西岸的溫哥華（Vancouver）延伸出去，連接東岸的蒙特婁（Montreal），貨運更銜接至美國的芝加哥（Chicago）。

目前該鐵路主要的觀光客運路線有兩條，一條是從溫哥華經甘露市（Kamloops）到傑士伯，經過北部的黃頭隘口（Yellow Head Pass）；另外一條是從溫哥華經甘露市到班夫與卡加利（Calgary），經過南部的踢馬隘口（Kicking Horse Pass）。加拿大落磯山的景觀，與四座國家公園之美，讓加拿大的火車永遠沉浸在美景之中。

在十九世紀末，加拿大太平洋鐵路建造之時，為了讓火車能夠順利橫越落磯山脈，曾經因鐵路選線而困擾不已，終究橫貫落磯山脈是一件非常不容易的事，尤其是要找適當的隘口（兩個山峰之間凹落的地方），火車才能降低坡度穿越過去，1884 年終於選擇踢馬隘口，而捨棄原先偏北的黃頭隘口。踢馬隘口名稱的由來，是一位英國探險家詹姆士

來到落磯山脈，由於當時火車還不存在，騎馬來到這個地方因為坡度太陡，陡到被馬踢下來（另外一說為必須用力踢馬，馬才願意前進），所以這個地方取名為「踢馬隘口」。

原本加拿大政府與太平洋鐵路公司協議，鐵路最大坡度不得超過22‰，沒想到這段從華普達湖（Wapta Lake）到菲爾德（field）經過 The Big Hill，最大坡度竟達45‰，加拿大政府也只能姑允接受。通車之後，下山火車一度直衝菲爾德河谷翻車，造成人員傷亡，而上山火車爬不上去，成為路線瓶頸。此後加拿大太平洋鐵路的火車，更視通過 The Big Hill 為難事。火車來到菲爾德，必須以四部蒸汽火車才能拖得動十來節車廂，每次火車要登山總要大排長龍。

終於在二十五年後，1909 年利用螺旋形鐵道登山來解決坡度問題。鐵路利用 Ogden 與 Cathedral 兩座山

❶ Canadian Pacific Railway，在菲爾德車站即將爬上踢馬隘口的火車。

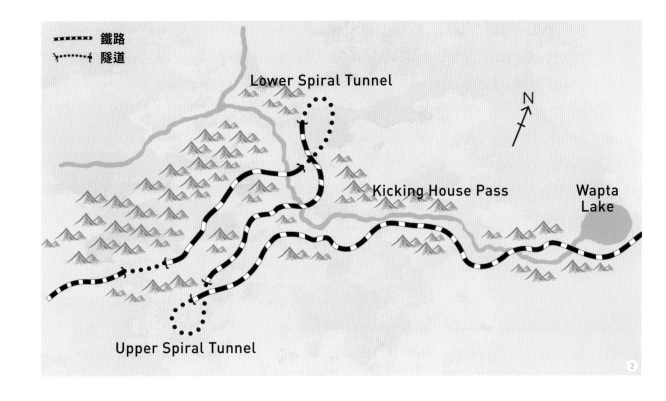

② Canada Pacific Railway Spiral tunnel 螺旋
隧道的鐵道圖。

延長鐵路里程將近 7 公里，開鑿螺旋形隧道，大幅降低鐵路的坡度與危險性。鐵路登山先往上方打一個 α 字形，繞到下方再打一個反 α 字形。新線完成後，本來鐵路長 6.6 公里，延長為 13.2 公里，坡度從 45‰ 降到 22‰，而且運輸能力大幅增強。原本舊線要四部火車頭只能拉 410 噸，新線只要兩部火車頭就能拉 980 噸，所以在新的路線完工後，產生三個螺旋形隧道，分別為 55 公尺、891 公尺、以及 174.7 公尺。今日在高速公路的旁邊，為了旅客觀看螺旋形隧道，還特別設置觀景台與解說牌，長長的火車從下方鑽入隧道，火車頭從上方隧道出洞，而列車尾端還露出於下方隧道外，如此同一列火車因路線結構出現在上下不同高度，成為遊客觀賞的重點。

目前旅客可以加拿大太平洋鐵路溫哥華 VIA 車站，作為橫越美洲大陸的西岸起點。從溫哥華 VIA 車站，搭乘著名的落磯山登山鐵路（Rocky Mountaineer Rail），包含多種路線，穿越山脈、國家公園等著名景觀，一路上所望見的雪山美景，不禁令人動容！

FERROCARRIL SANTA ANA

秘魯馬丘比丘
聖塔安納窄軌登山鐵路

❶ Ferrocarril Santa Ana，前往秘魯馬丘比丘，窄軌登山鐵路的火車。（黃淑玲 攝）
❷ 秘魯政府介紹從 Cuzco 到 Machupicchu 的鐵路看板。（黃淑玲 攝）
❸ 馬丘比丘 Machupicchu 的看板。（黃淑玲 攝）

　　1911 年 7 月 24 日，美國探險家亥瑞‧賓漢（Hiram Bingham），也是耶魯大學年輕的歷史教授，為了尋找十六世紀，被西班牙征服毀壞的印加古文明遺址，在秘魯的庫斯科北方雲煙繚繞的山丘上，發現了一座石砌的古城，立刻震驚全世界。他命名為 Machupicchu，美洲土語為「古老的山頂」，「天空之城」馬丘比丘的傳奇神秘，不脛而走。

　　現代人無法理解，當時印加帝國人民如何將這麼多笨重的石塊，切割得如此完整，又運上海拔 2286 公尺的山丘上，然後這些人為何又消失，留下許多疑點供後人臆測。最後古城留下 170 個骷髏，有 150 位女性，也遺留古印加帝國以處女祭拜太陽神的傳說。它的真相，一如它永遠置身雲霧飄渺之中。

④ 馬丘比丘登山鐵路的觀光客車，車廂的屋頂有觀景窗，加大旅客的視野。（黃淑玲 攝）
⑤ 天空之城馬丘比丘的風光，已經登錄為世界遺產。（黃淑玲 攝）

無論如何，為了迎接全球到訪的旅客，秘魯政府在 1928 年修建完成庫斯科（Cusco）到馬丘比丘的 110 公里長的鐵路，軌距僅 914mm。火車從庫斯科以四處之字形折返爬上 Pichu Alto 山丘，來到海拔 3678 公尺的 El Arco，然後又以兩處之字形折返，經過奧揚泰坦博（Ollantaytambo）大站停靠，下降至烏魯邦巴河（Urubamba River）河谷。最後火車停在熱水鎮（Aguas Caliente）站，以巴士接駁至馬丘比丘。原有馬丘比丘站與後續 Quillabamba 路段，在 1998 年被洪水沖毀，迄今尚未修復。

1999 年秘魯鐵路民營化，這段鐵路為秘魯國鐵（Peru Rail）經營，昔日秘魯國鐵黃橘兩色的客車已不復見，改成藍色的客車；而奢侈豪華的 Hiram Bingham 觀光客車，一趟要價約新台幣 15000 元，票價雖然非常貴，卻擋不住全球到馬丘比丘的探訪的人潮，這正是山岳鐵路與山中傳奇結合，無可取代的魅力吧。

TREN A LAS NUBES

阿根廷雲端鐵路

❶ Tren a las Nubes，阿根廷雲端的鐵路火車。
❷ 阿根廷雲端鐵路路線地圖。

　　阿根廷橫貫安地斯山的鐵路，連結智利和阿根廷有兩條路線，一條為北邊的 North Trans–andean，從阿根廷薩爾塔省（Salta）的 Socompa 到智利的安托法加斯塔（Antofagasta）；另一條為南邊的智利安地斯鐵路，從阿根廷國內門多薩省（Mendoza）的 Los Andes 到智利的瓦爾帕萊索（Valparaíso）。阿根廷雲端鐵路（Tren a Las Nubes），就是屬於北邊橫貫的路線。

　　阿根廷這條 Salta—Socompa 的 1000mm 米軌鐵路，由來自美國的工程師毛

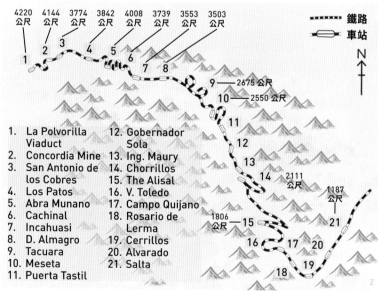

1.	La Polvorilla Viaduct	12.	Gobernador Sola
2.	Concordia Mine	13.	Ing. Maury
3.	San Antonio de los Cobres	14.	Chorrillos
4.	Los Patos	15.	The Alisal
5.	Abra Munano	16.	V. Toledo
6.	Cachinal	17.	Campo Quijano
7.	Incahuasi	18.	Rosario de Lerma
8.	D. Almagro	19.	Cerrillos
9.	Tacuara	20.	Alvarado
10.	Meseta	21.	Salta
11.	Puerta Tastil		

4220公尺 4144公尺 3774公尺 3842公尺 4008公尺 3739公尺 3553公尺 3503公尺
9—2675公尺
10—2550公尺
2111公尺
1187公尺
1806公尺

鐵路
車站
N

利（Ricard Fontaine Maury）所設計，從 1921 年動工至 1948 年正式通車，第一列火車以 26 小時行駛完 Salta-Socompa，據說 Colchous 海拔 4475 公尺，但是並未確實找到地點；而從智利國境站的 Socompa 到安托法加斯塔港口之間，則由交由 FCAB（今智利國鐵 EFE）運行，很可惜的，這條鐵路竟在 1970 年代畫下句點。

不過經過整修，在六十年後的 2008 年，這條鐵路以觀光鐵路之名重新開幕，西班牙文為 Tren a Las Nubes「雲端的火車」。這條登山鐵路，海拔落差很大是它的特色，火車從海拔最低點 1187 公尺的薩爾塔，至海拔最高點 4220 公尺的 La Polvorilla Viaduct 橋面上，海拔落差有 3033 公尺。每年 4 月至 10 月間，每週六從薩爾塔運行一班往返的觀光列車，全長 434 公里，行經二十九座橋，二十一個隧道，路線上不乏許多 U 形彎，以及兩個迴圈線與兩個之字形路線，以克服海拔高度，終點還有一座長 224 公尺，高 63 公尺的鋼骨高架橋，成為最佳攝影景點。

❸ 阿根廷雲端的鐵路火車，來到最高點 La Polvorilla 鋼梁橋，旅客從車窗伸出去拍攝的畫面。

❹ 海拔最高點 4220 公尺的 La Polvorilla 鋼梁橋。

第 8 章

瑞 士 經 典

HERITAGE RAILWAY OF
SWITZERLAND

觀 光 鐵 道 案 例

 迎向山頂浩瀚冰河的瑞士少女
峰登山鐵路火車。

瑞士少女峰鐵路之旅

　　瑞士少女峰登山鐵路，在全球之所以聲名遠播，在於它的終點少女峰車站（Jungfraujoch）海拔 3454 公尺，是歐洲最高的火車站，山頂上的阿雷契冰河（Great Aletsch Glacier）氣勢更是壯觀。在 2001 年底，少女峰和阿雷契冰河，被聯合國教科文組織登錄世界遺產。

　　搭火車上少女峰旅程的起點，是從瑞士國土地理位置中央的觀光重鎮茵特拉根（Interlaken）開始。茵特拉根，字義上即德文的兩湖之間，東邊為圖恩湖（Thunersee），西邊為布里恩茲湖（Brienzersee），兩湖之間有一條美麗的小河連接，河邊的小鎮即是茵特拉根。漫步在茵特拉根，望著南邊的阿爾卑斯山群峰，河中流水潺潺，湖濱山巒倒影，美的令人如癡如醉，猶如人間仙境。在茵特拉根天氣晴朗時，可以看到阿爾卑斯山三座名峰，左起艾格峰（Eiger）3970 公尺、門希峰（Mönch）4099 公尺和少女峰（Jungfrau）4158 公尺，三座名峰終年白雪皚皚，冰河雪白的覆蓋在伯恩高地的上方。

　　一般人從未去過少女峰鐵路，直覺會以為這條鐵路是一路到底的，其實這段鐵路的旅程，是三條鐵路的組合，少女峰登山鐵路（Jungfraubahnen）用複數就是這個涵義。三條鐵路包含 BOB 少女峰下層的鐵路（Berner Oberland–

❶ BOB 少女峰下層的鐵路，1000mm 軌距。
❷ WAB 少女峰中層的鐵路，800mm 軌距。

❸ 美景如詩如畫的少女峰鐵路系統。
❹ JB 少女峰上層的鐵路，1000mm 軌距。

Bahn)，1000mm 軌距；WAB 少女峰中層的鐵路 (Wengernalpbahn)，800mm 軌距；JB 少女峰上層的鐵路 (Jungfraubahn)，1000mm 軌距。因為三條鐵路興建的年代不同，軌距沒有統一，所以火車無法直通行駛，旅客中途必須換車兩次。

少女峰鐵路這三條鐵路從 1890 年開工，隨著海拔高度的爬升，鐵路工程的難度也跟著增加，直到 1912 年才全線通車，與阿里山鐵路同一年通車。由於 JB 昂貴的施工成本，使得該鐵路並不適用於歐洲鐵路聯票 (Eurailpass)，瑞士鐵路聯票 (Swiss Pass) 則依照不同的區段，給予不同的折扣。

① 少女峰鐵路系統路網圖，由下至上 BOB、WAB、JB 三段鐵路銜接起來。

164
第 ⑧ 章
瑞士經典觀光鐵道案例
Heritage Railway of Switzerland
瑞士少女峰鐵路之旅 The Wonderful
Train Ride of Jungfrau Railway

少女峰下層的鐵路

・路線基本資料・	
路線名稱	BOB, Berner Oberland-Bahn
所 在 地	瑞士阿爾卑斯山
軌 距	1000 mm
通 車 年	1890 年
路線動力	電車 DC1500V
主線長度	23.6km
海 拔 最 高 點	1034m Grindelwald、796m Lauterbrunen
海 拔 最 低 點	567m Interlaken
海拔落差	467m
營運單位	BOB 私鐵
最大坡度	120 ‰
齒軌種類	Riggenbach type
旅行時間	約 34 分 Interlaken-Grindelwald 左線 約 20 分 Interlaken-Lauterbrunen 右線

❷ 海拔 567 公尺的茵特拉根東站。

海拔 567 公尺的茵特拉根東站，是少女峰鐵路系統的山腳車站，這個車站有兩個月台，一個月台是 1435mm 軌距給瑞士國鐵使用的，一個月台是 1000mm 軌距給 BOB 火車與 SBB Bruing 火車使用的。旅客搭瑞士國鐵來到這個車站，得先到隔壁月台換乘，搭乘 BOB 鐵路的火車出發。顧名思義，BOB（Berner Oberland–Bahn）即是伯恩高地鐵路的意思，是登少女峰鐵路的第一段。一開始 BOB 鐵路是在平原路段出發，火車行駛速度相當快，時速約 100 公里，沿著布里恩茲湖上游的琉智內河往上走，青翠的山巒和田野景觀往車窗後飛逝，沒有登山的感覺。

不久火車過了威爾德斯威爾（Wilderswill），琉智內河正緊臨著鐵道旁，先前寬闊的山谷變得狹小，窗下的河水正是上游冰河融化流下來的，冒著白煙和

森林的霧氣合而為一，詩意盎然。窗外漸漸有幾許
涼意，開始有登山的感覺，火車從伯恩高地下方，
一路往上爬升，不久即到了海拔 653 公尺的分歧點
Zweilutschinen。長達八節的火車，要分割成兩組各
四節，一組往右到瀑布鎮（Lauterbrunen），海拔 796
公尺，另一組往左到格林德瓦（Grindelwald），海拔
1034 公尺，而且 BOB 鐵路火車開
始速度變慢，咬合 Riggenbach 齒軌
在爬山，風景也有了很大的變化，
火車正式進入了伯恩高地。

　　不過，不論搭乘哪一組 BOB、
經過哪一邊，最後兩組火車，還是
會同時會合在小史迪基站（Kleine
Scheidegg），繼續上少女峰。因為瑞
士的火車時刻表設計的精確無比，
一如瑞士知名的鐘錶。如果選擇是
左邊的路線，很快的經過 20 分鐘，

❶ 茵特拉根東站有兩個月台，後面月台是瑞士國
　鐵使用，前面月台是給 BOB 火車與 Bruing 火
　車使用的。
❷ 海拔 653 公尺的分歧點 Zweilutschinen 車站。

❸ BOB 火車登山的風景，琉智內河正緊臨著鐵道旁。

❹ 格林德瓦火車站，BOB 左邊同月台轉乘右邊 WAB，月台上的時鐘，是火車的開車時間。

❺ 瑞士 BOB 的火車抵達海拔 1034 公尺格林德瓦，一個如詩如畫的小鎮，木屋群參差羅列在綠地山坡上。

登山火車來到了格林德瓦，一個如詩如畫的小鎮，映入眼簾，童話般的木屋群，參差羅列在綠地山坡上。在這裡所有的旅客全都得下車，因為中段軌距不同，BOB 鐵路旅程結束，旅客在同一月台轉乘，換搭隔壁的 WAB 小火車，繼續登山。有趣的是，這裡的火車站月台上的時鐘，並非報時，而是火車的開車時間，可別弄錯了。

少女峰中層的鐵路

如前面一段所述,少女峰鐵路工程其實是循序漸進的,而因為中段鐵路 WAB 的軌距不同,造成火車無法直通行駛,旅客中途必須換車兩次的關鍵因素。1890 年,伯恩高地下方的 BOB 鐵路完工,1893 年中段的 WAB 鐵路接續完成,也讓少女峰鐵路 JB 建造的希望大增,並延至 1896 年才動工。不過,因為一開始並沒有鐵路從山下直達山頂的計劃,所以中間這一段 WAB 的鐵路軌距不同,造成客運與貨運必須中途轉運的困擾。

為了解決這個問題,BOB 鐵路上山路線一分為二,使得 WAB 鐵路為了銜接 BOB,下山路線也須一分為二,用 Y 字形對接,形成口袋型路線。左線 Grindel-wald–Kleine Scheidegg 約需 35 分,右線 Lauterbrunen–Kleine Scheidegg 約需 45 分。最後 WAB 將口袋型路線,會合在小史迪基車站。

· 路線基本資料 ·	
路線名稱	Wengernalpbahn/WAB
所 在 地	瑞士阿爾卑斯山
軌 距	800mm
通 車 年	1893 年
路線動力	電車 DC1500V
主線長度	19.1km
海 拔 最 高 點	2061m Kleine Scheidegg
海 拔 最 低 點	1034m Grindelwald、796m Lauterbrunen
海 拔 落 差	1265m
營 運 單 位	WAB 私鐵
最 大 坡 度	250 ‰
齒 軌 種 類	Riggenbach type
旅 行 時 間	約 35 分 Grindelwald–Kleine Scheidegg 左線 約 45 分 Lauterbrunen–Kleine Scheidegg 右線

① 瑞士少女峰鐵路中層的鐵路線，WAB 的火車，行駛過碧草如茵的風景。

② 由於 WAB 火車軌距比較小，所以車廂不大，只有三排座。

③ 瀑布鎮的風光，是許多世界風景月曆的經典名景。

　　建議自助旅行者上山走一邊，下山走另一邊，兩邊的風景都很美，都不可錯過。例如選擇上山經格林德瓦，下山走瀑布鎮，可以在瀑布鎮停留片刻，看到 WAB 登山火車在對面山壁上節節爬升。尤其瀑布鎮的風光，經常出現在許多世界風景的月曆上，這裡共有七十二座大小的瀑布，車站外面最有名的如施陶河瀑布（Straubbach Fall），瀑布自千尺山壁直瀉而下，美得如詩如畫。而走瀑布鎮的登山路線，還會經過海拔 2343 公尺的溫根（Wengen），那是一個美麗的度假勝地，也是汽車登山的最高管制場所。瑞士對於汽車登山採取管制措施，讓無污染的登山鐵路深入雲端，也不致讓登山鐵路遭遇公路競爭產生虧損的問題，這是台灣阿里山鐵路難望其項背的。

　　火車從格林德瓦先用齒軌往下倒著開，到 Grund 這一站載客之後，再正式往山上開，先往下再倒退往上，這一段就和阿里山鐵道的「之字形」路線一樣，給人十分熟悉的感覺。從這裡可以拍到非常漂亮的山

坡，碧草如茵的家園，典型的瑞士風光。由於 WAB 火車軌距比較小為 800mm，所以車廂不大，只有三排座，高個子的人可能連伸腳都有困難，如果人不多，可以找一個寬大的位置。還好而不論 BOB、WAB 或 JB 哪一段，窗戶都可以往下拉，方便旅客拍照，上山之後覺得很冷，窗戶再拉上來。

　　隨著火車一路越爬越高，時而濃霧瀰漫，時而陽光耀眼，雲破天開處都是一窗驚奇的風景，瑞士美麗的山坡上，牛的脖子掛著鈴鐺在吃草，這樣的景象讓人不由得想唱起「奇異恩典」（Amazing Grace）這首歌曲，樂音隨著窗外風景流動，音符也在耳邊跳躍著。這樣的風景如夢似幻，恍然耳邊正吟唱著這首歌，火車穿過一重又一重隧道，來到了海拔 2061 公尺的小史迪基站，與對面的火車會合，這裡終於要換搭 JB 少女峰登山火車了。

❶ 瑞士 WAB 火車，登山過程所見的風景，每一處窗景都像是一幅畫。

❷ WAB 的火車即將抵達海拔 2061 公尺的小史迪基站，右後方即是少女峰。

少女峰上層的鐵路

• 路線基本資料 •	
路 線 名 稱	Jungfrau Bahn
所 在 地	瑞士阿爾卑斯山
軌 距	1000mm
通 車 年	1896 至 1912 年
路 線 動 力	電車 AC 3Ø 1125V 50Hz
主 線 長 度	9.3 km Kleine Scheidegg — Jungfraujoch
海 拔 最 高 點	3454m Jungfraujoch
海 拔 最 低 點	2061m Kleine Scheidegg
海 拔 落 差	1393 m
營 運 單 位	JB 私鐵
最 大 坡 度	250 ‰
齒 軌 種 類	Strub type
旅 行 時 間	約 52 分

❸ 瑞士 JB 的火車，即將從海拔 2061 公尺的
小史迪基站出發。

　　少女峰鐵道 JB 是登山鐵路全線最艱難的一段，
長隧道約占了全線四分之三的長度。有別於瑞士其他
的登山鐵路齒軌火車，經歷過蒸汽機車的階段，為了
避免長隧道的窒息問題，一開始就是鐵路電氣化，是
歐洲最早鐵路電氣化的登山鐵路。因此，JB 的火車最
特別的地方，是電車上面有兩組集電弓，兩條平行電
車線，也就是所謂「架空複線式」，三相交流電，在全
世界仍保留這種二十世紀初的原始電氣化鐵路，實在
已經很少。這種鐵路電車線，會傷及無辜飛鳥，只能
架設在海拔極高處飛鳥很少的地方，在瑞士只有用在
JB 與 GGB，兩條超過海拔 3000 公尺的鐵路。

　　少女峰鐵道 JB 電車採用 Strub 齒軌，最大坡度高
達 250 ‰，於西元 1896 年動工，施工歷時長達十六
年，才於 1912 年通車，剛好和阿里山鐵路同年通車。
由於它有四分之三左右的路段，是在冰河底下隧道岩

瑞士 JB 是少女峰上層的登山鐵路線，
後方是壯麗的冰河。

壁裡通過，需要大量的火藥炸山，工程十分艱鉅。由
於採用炸藥炸山，爆炸的聲響從歐洲屋脊散開，據說
當時連德國的南部巴伐利亞地區，都聽得到少女峰的
山頂雷鳴。

　　火車從海拔 2061 公尺的小史迪基站出發，這裡
是遠望少女峰的重要景點之一，火車沿線可以看到艾
格峰的冰河在旁邊，一路上旅客的驚呼聲不斷，許多
人的相機都無法離手。到了艾格山牆（Eigerg Letcher）
這一站，海拔 2320 公尺，火車剛好正在三大名峰的
正中央艾格峰下，這裡就是長隧道的入口，火車停留
一會兒就開進隧道裡。當火車進入隧道之後，車窗遼

① 艾格峰冰河的遼闊視野，令人驚嘆的冰海景觀。

② 海拔 3160 公尺，隧道內的冰海站。

③ 瑞士少女峰車站下車處，標示著「Top of Europe」，海拔 3454 公尺。

閣的美景，就被漫長的漆黑所壟罩，有人受不了高山的寒冷及低氣壓，而開始呼呼大睡了。這時火車開著開著，竟然在隧道裡停車了，原來為了讓旅客體驗冰河底下隧道，黑暗中乍見光明的感動。

隧道裡面的鐵路，中途有兩個車站，一個是海拔2865 公尺高的艾格石壁，另一個是海拔 3160 公尺高的冰海站（Eismeer），兩個車站火車都會停留約五分鐘，在短暫的停車時刻，旅客可以用手去觸摸隧道的裸岩石壁，體驗這段工程的艱辛。車站裡面有一大片玻璃觀景窗，看出去正是艾格峰冰河的遼闊視野，令人驚嘆的冰海景觀。

TOP OF EUROPE JUNGFRAUJOCH

歐洲鐵路最高點
——少女峰車站

少女峰鐵 JB 長達四分之三的旅程，都在山洞裡面，這一段隧道旅程長 7122 公尺，昏暗枯燥，許多人也疲倦不堪的睡著了。但是，遊客可以想像，自己現在就在那一大片冰雪下面鑽行著，當初打造了十六年才完成這條鐵路，如今只花二十多分鐘就穿越了它，真是相當不容易啊！

經過漫長的黑暗，就是為了等待出口的光明，火車最後終於到了少女峰車站，海拔 3454 公尺。下車處有一塊「歐洲鐵路最高點，3454 公尺、11333 英尺」(Top of Europe) 的

③ 少女峰山頂的絕美風景，歐洲最長的阿雷契冰河。

④ 2012 年少女峰鐵路一百周年的紀念郵票，與山頂車站才有的紀念明信片。

立牌，還有用各種語言寫的「歡迎」，歡迎世界各地的人前來，吸引許多觀光客在此地拍照，成了少女峰車站傳遍世界的代表圖像。隧道內的火車站雖然黑暗，但是車站外面大放光明，隨著旅客走出車站，伴隨著尖叫聲，立刻吸引躲在車站內的旅客衝了出去。因為歐洲最長的阿雷契冰河（Great Aletsch Glacier），就在眼前。

少女峰車站置身山頂，也置身冰天雪地之中，車站外寒風凜凜，但是在冰河上點杯咖啡細細品味，或是乘坐愛斯基摩狗拉雪橇，體會雪國樂趣，卻是一輩子難忘的體驗。少女峰車站裡有全世界最高的郵局，許多遊客從這裡買一張明信片，蓋郵戳寄回家或自己收藏。這裡還有冰河餐廳，在享受美食之餘，望著窗外欣賞冰河美景。旅客也可以選擇搭乘史芬克斯電梯，直上海拔 3571

公尺的觀景台，那是全歐洲最高的天文台，就蓋在少女峰車站上面。在觀景台上可遠眺歐洲屋脊三大名峰，艾格峰、門希峰和少女峰，三座名峰終年白雪皚皚，浩瀚的雲海飛舞，站在這裡，彷彿全世界就在自己的腳下，感受這人間美景之最的視覺饗宴。

歐洲鐵路最高點少女峰車站，也帶動了許多國家鐵路最高點的設置，成為知名的觀光鐵道景點。包含德國楚格峰鐵路、法國白朗峰鐵路、英國史諾頓鐵路，日本野邊山鐵路、台灣的阿里山鐵路等等，都陸續成為焦點。雖然海拔高度不一，卻也代表該國鐵路的榮耀與里程碑。

❶ 歐洲鐵路最高點 3454 公尺，少女峰車站。
❷ 2012 年 8 月 1 日，少女峰鐵路慶祝一百周年的圖像，外面那一圈就是 Strub 齒軌。

THE WONDERFUL TRAIN RIDE OF GOLDEN PASS PANORAMIC

瑞士
黃金列車之旅

阿爾卑斯山脈橫貫瑞士國土，境內湖泊遍布，故瑞士有兩條東西橫貫鐵路，在阿爾卑斯山南側是冰河景觀列車（Glacier Express），在阿爾卑斯山北側是黃金景觀列車（Golden Pass Panoramic）。從琉森（Luzern）至蒙投（Montreux）的這條黃金列車路線，一如列車之名，飽覽瑞士湖光山色之菁華，堪稱瑞士首屈一指的景觀列車，把瑞士從東北至西南的美麗湖泊，全部串接成一條璀璨，如黃金項鍊般的動線。

黃金列車路線全長 210 公里，由三段不同鐵路公司的火車所串接而成。第一段是由琉森到茵特拉根，是瑞士國鐵 SBB Brunig 線，也是瑞士國鐵唯一米軌 1000mm 的窄軌火車，也稱為布寧格景觀列車（Brünig Express）。第二段從茵特拉根東站至史懷茲文（Zweisimmen），這段鐵路為標準軌 1435mm，包含瑞士國鐵 SBB 的 IC 城際快車，和瑞士最大的私鐵 BLS 都可以行駛，此段路程交由 BLS 的景觀列車（Panoramic）接續下去。最後一段從史懷茲文至蒙投，也是全程極精彩的一段，是由私鐵 MOB 交棒跑完全程，軌距一樣為 1000mm。MOB 在登山坡度高達 73‰ 的路段前進，卻不用齒軌，只是一路以 S 型盤旋登頂，來到海拔 1274 公尺的全線最高處 Saanenmöser，還有從半空中鳥瞰日內瓦湖的美景，教人目眩神馳！

黃金景觀列車，除了餐車以外，全部是景觀客車，外觀塗上黃金的顏色與白

❸ 黃金景觀列車的第一車廂為頭等艙。
❹ 黃金景觀列車的旅行路線圖。

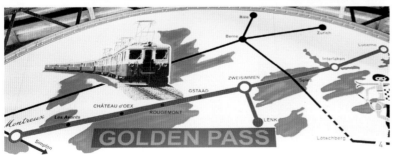

色，並標示著「Golden Pass Paronamic」字樣，這樣的
識別塗裝一氣呵成，包含 SBB、BLS 和 MOB 三家鐵
路公司的客車都一致，即使是外國觀光客，也不容易
混淆。一般而言，所謂的景觀列車，就是將車窗玻璃
延伸到天花板的車廂，稱為景觀客車，讓遊客乘坐其
中，有格外廣闊的視野，景觀列車的第一個車廂，擁
有絕佳的景觀視野，是頭等艙旅客的座位；而其他的
客車則是正常大小的車窗，只是內裝一樣豪華。

　　黃金列車一次全程坐完需要五個多小時，要體驗
景觀客車廂魅力的遊客，在購買車票時，售票人員會
拿時刻表給你，告訴你那一列車是黃金景觀列車，並
在景觀客車廂事先訂位。儘管中途必須換車，然而買

❶ 黃金景觀列車的頭等艙擁有絕佳
　的景觀視野。
❷ 黃金景觀列車，車窗玻璃延伸到
　天花板的內裝。
❸ 黃金景觀列車，車體寫著 Golden
　Pass Panoramic，通過格施塔德大
　鐵橋。
❹ 黃金景觀列車舒適的餐車空間。

票時可以一票到底。如果打算中途下車欣賞風景，可以只買從琉森到蒙投的火車票，利用三家鐵路公司的景觀客車或是普通車，未必一定得搭黃金列車。

筆者建議，黃金列車不需要急著一次坐完它。因為沿線的各大車站有許多精采景點，如茵特拉根、史皮茲、史懷茲文的美景如詩如畫，錯過可惜。您可以規劃兩天時間，在這些地方下車走走，或從茵特拉根，搭乘登少女峰的火車，都會有許多意想不到的收穫。

布寧格景觀列車

18 世紀瑞士首都的琉森，車站旁就是美麗的琉森湖，市區內充滿文藝復興時期及巴洛克式的建築物，以垂死的石獅最教人動容。現今的車站由於 1991 年大火，只保留一個門口遺址，其餘都是新式的建築。而琉森的交通博物館，是個值得一遊的鐵道勝地，裡面收藏許多珍貴的火車與模型，包含各式齒軌與螺旋路線結構，是世界上記錄登山鐵道科學史最完整的博物館。

黃金景觀列車接力第一棒，是瑞士國鐵 SBB 的布寧格線（Brünig），是瑞士國鐵唯一米軌的鐵路，以穿越四個湖泊景觀與齒軌著名，如今也取名為中央鐵路（Die Zentralbahn），因為剛好走的路線，就是瑞士的國土中央位置。這段路線除了黃金景觀列車，還有鮮紅色的布寧格景觀列車（Brünig Express），都有豪華的景觀車廂。火車從海拔 436 公尺的琉森出發後，加速相當快，SBB 的布寧格線的機車以馬力強大出名，加速完全不輸給捷運。

隨著火車出發，首先窗外映入眼簾的是琉森湖，又名四森林湖（Vierwaldstätter See），出現在車窗左側，沿途風光明媚，令人目不暇給。火車來到阿爾卑那赫施塔德（Alpnachstad）車站，這裡是世界最陡的皮拉特斯登山鐵道的起點，接著繼續來到薩爾嫩（Sarnen），薩那湖（Sarner See）出現在車窗右側。為了讓遊客確實掌握

・路線基本資料・	
路 線 名 稱	Brünig Express
所 在 地	瑞士阿爾卑斯山
軌 距	1000mm
通 車 年	1888 至 1916 年
路 線 動 力	電車 AC 15kv, 16 2/3Hz
主 線 長 度	74km Luzern-Interlaken Ost
海 拔 最 高 點	1002m Brünig Hasliberg
海 拔 最 低 點	436m Luzern
海 拔 落 差	571m
營 運 單 位	SBB 瑞士國鐵
最 大 坡 度	120 ‰
齒 軌 種 類	Riggenbach type
旅 行 時 間	約 2 小時

❶ 瑞士布寧格列車，這是黃金列車的版本。

② 瑞士布寧格列車會通過四座湖泊，圖為布里恩茲湖。

③ 車窗旁的小圓板，登載著路線與窗景的湖泊名稱。

列車沿線所在資訊，車窗旁的小圓板，登載著路線與窗景的湖泊名稱，真是貼心極了。

火車通過薩爾嫩下一站來到 Giswil。火車自 Giswil 之後進入齒軌路段，火車輪下「鏗」的一聲咬進了齒軌，登山的風景從這裡開始，視野開始遼闊起來。美麗的倫格湖（Lungern See）就在腳下，透過觀景車窗，眼前的湖光山色，就如同月曆中的風景畫般令人陶醉。此時火車穿越重重隧道，一路沿山壁爬升，坡度高達 120‰，鐵軌中間 Riggenbach 式齒軌發出隆隆巨響，終於來到了海拔最高點 1002 公尺，布寧格哈斯利堡站(Brünig Hasliberg)。

火車在布寧格哈斯利堡稍事停留之後，開始以緩慢的速度咬合齒軌下降，整個伯恩高地盡收眼底，美麗的風景讓乘客驚叫連

連。火車一路緩降至邁令根站（Meiringen），海拔 595 公尺，結束了 9.3 公里的齒軌路段，在這裡火車要調度更換牽引方向，原來這是個 Z 字形車站，火車以反方向開往茵特拉根東站。接下來這一段鐵路屬於平地，火車以飛快的速度前進，沿途可以看到許多草原與牧場，乳牛掛著牛鈴在鐺鐺作響。火車來到布里恩茲站，BRB 的蒸汽火車就在一旁，美麗的布里恩茲湖（Breinz See）出現在車窗左側，令人眼界大開，歐洲屋脊少女峰等三大名峰聳入雲端，倒映寬闊的湖面上，予人「此景只應天上有」的驚嘆！

布寧格列車，最後通過四座湖泊，來到了終點海拔 567 公尺的茵特拉根東站，結束了兩小時的旅行。不過，建議您如果時間足夠，可以選擇布寧格的 Local train，停靠站較多，可以中途下車在湖濱漫步，美景無須歌詠，亦毋需驚嘆，讓自己安靜的沉思，沉醉在瑞士的湖光山色裡。

❶ 從最高點布寧格哈斯利堡站，一路緩慢下降的黃金列車。

❷ 瑞士茵特拉根東站的外觀。

❸ 從火車上看到美麗的倫格湖。

④ 208 號的非齒軌蒸汽火車，用於邁令根到茵特拉根東站平地路段。

布里恩茲湖畔的登山蒸汽火車

・路線基本資料・	
路 線 名 稱	Ballenberg Damfbahn
所 在 地	瑞士阿爾卑斯山
軌 距	1000mm
通 車 年	1888 至 1916 年
路 線 動 力	特殊型式的齒軌蒸汽火車
主 線 長 度	45km Interlaken Ost-Giswil
海 拔 最 高 點	1007m Brünig Hasliberg
海 拔 最 低 點	567m Interlaken Ost
海 拔 落 差	440m
營 運 單 位	Ballenberg Damfbahn（私鐵）
最 大 坡 度	120 ‰
齒 軌 種 類	Riggenbach type
旅 行 時 間	Interlaken Ost 9:43-Giswil 13:01 Giswil 13:44-Interlaken Ost 17:13（2003 年）

瑞士知名的保存鐵道 Ballenberg Damfbahn，其實就是瑞士國鐵 SBB 布寧格線的懷舊古典火車之旅，用蒸汽火車牽引木造客車，只有在夏季的假日，不定期行駛運行。與冰河列車的 DFB 保存鐵道角色相同。

遠在 1888～1916 年通車初期，瑞士的 SLM 公司製造的特殊齒軌型蒸汽火車，就已經出現，並行銷全世界。然而，這種蒸汽火車確實是與眾不同，一般火車蒸汽火車只有左右兩汽缸，

然而 Ballenberg Damfbahn 的蒸汽火車，卻多了上方推動齒輪的兩個汽缸，成為罕見的四汽缸的蒸汽火車。這種蒸汽火車在世界上很少，琉森的交通博物館，就有一台這樣的蒸汽火車，用解剖的方式展示。

❶ 1067 號齒軌式蒸汽火車，是 Giswil 到邁令根的齒軌路段專用。
❷ Ballenberg Damfbahn HG 3-3 蒸汽火車在琉森的交通博物館，用解剖的方式展示。

Ballenberg Damfbahn 保存鐵道，從茵特拉根東站到 Giswil 只有 45 公里。它的車輛基地與上車地點，都是在茵特拉根東站。因為蒸汽火車十分稀有，每年夏天都吸引不少世界各國的鐵路愛好者來到這裡共襄盛舉，大家的目光焦點，莫過於這部 HG 3-3 1067 號，從 Giswil 到邁令根的齒軌路段非這款四汽缸齒軌蒸汽火車不可；另外一部 208 號的非齒軌蒸汽火車，只用於邁令根

③ 茵特拉根東站的入口處，展示 Ballenberg
　Damfbahn 的搭車資訊。
④ 1067 號齒軌式蒸汽火車，在布里恩茲車站，
　倒拉客車的畫面。

到茵特拉根東站平地路段。筆者在 2003 年的旅行經
驗，其運行 9 點 43 分從茵特拉根東站出發到邁令根，
在這裡火車調度更換牽引方向，進入 9.3 公里的齒軌
路段，到 Giswil 時為 13 點 01 分結束休息，下午再經
原路開回去。

茵特拉根至史懷茲文路線

① 火車沿著湖面前進，湖光水色一路相隨，教人驚艷。

黃金列車來到位於瑞士國土中央的茵特拉根火車站，在這裡可以看到不同軌距的火車排在一起。1、2、3、4月台是軌距 1000mm 米軌的火車，包含 SBB 瑞士國鐵布寧格線，以及要登上少女峰的 BOB 鐵路，都是這一種窄軌的火車。5、6、7、8月台則是歐洲鐵路網共通的標準軌 1435mm，開往史皮茲、伯恩的 IR 或 IC 快車，車廂要大得多。特別注意的是，茵特拉根尚有一個只有標準軌月台的西站（Interlaken West），東站這裡才是標準軌火車的起點站，與米軌共構的終點站。如果搭錯車，從西站步行至

• 路線基本資料 •	
路 線 名 稱	Lötschbergbahn BLS vs.SEZ
所 在 地	瑞士阿爾卑斯山
軌 距	1435mm
通 車 年	1897 至 1902 年
路 線 動 力	電車 AC 15kv, 16 2/3Hz
主 線 長 度	18km Interlaken Ost-Spiez BLS 42.8km Spiez-Zweisimmen SEZ
海 拔 最 高 點	94m Zweisimmen
海 拔 最 低 點	567m Interlaken Ost
海 拔 落 差	374m
營 運 單 位	BLS、SEZ（私鐵）
最 大 坡 度	25 ‰
旅 行 時 間	1 小時 04 分

② 瑞士國土中央的茵特拉根的美麗風景。
③ BLS 的區間車，停靠在圖恩湖旁邊。

東站可要花上半個小時呢！

　　黃金景觀列車接力第二棒，要在茵特拉根站換乘 BLS 私鐵的景觀客車。由於它的車廂是標準軌，所以比 SBB 的布寧格線火車要寬大許多，車廂分一等車、二等車和餐車三種，雖然沒有加大車窗的好視野，但是車窗卻可以拉一半下來，讓乘客可以自在的享受自然、新鮮的湖濱空氣。其實茵特拉根就是兩湖之間的意思，代表布里恩茲湖和圖恩湖（Thun See），這是一個風景勝地，少女峰鐵路就是從茵特拉根東站登上山的。

　　火車從茵特拉根東站開始出發，火車首先通過茵特拉根西站，一座美麗的大湖圖恩湖出現在右側窗外，車窗非常的

鄰近水面，感覺不像是搭火車，而像是搭船，圖恩湖的山光水色，教人驚艷萬分！這時火車沿著湖前進，在離開湖光山色之後，火車緩緩的離開湖面，來到海拔 628 公尺的史皮茲站 (Speiz)，美麗的圖恩湖就在窗外，旅客不必下車也能一覽無遺。這裡也是 BLS 與勒奇山鐵路 (Lötschbergbahn) 的十字交叉點，這一段到史懷茲文的路權，為另一家私鐵 SEZ 公司所經營，不過 BLS 的黃金列車是直接開到史懷茲文，不必中途再換車。

火車通過史皮茲繼續前進，窗外的湖濱風光漸

❶ BLS 的客車內裝，十分的寬敞。
❷ 圖恩湖畔的鐵道風景，就像是一幅畫。

❸ 史懷茲文車站，黑熊版本的黃金列車。
❹ 史皮茲站的視野，美麗的圖恩湖就在窗外。

漸為山岳平原所取代，火車又開始登山。就這樣經過伯恩高地一路爬升，火車很快的在一個多小時後，來到了海拔最高點 941 公尺的史懷茲文車站，黃金景觀列車的第二段結束，而精采的 MOB 黃金列車正在月台上等候呢！

① 瑞士史懷茲文至蒙投，MOB 水晶景觀列車
通過格施塔德鐵橋。

ZWEISIMMEN—MONTREAUX / MOB

史懷茲文至蒙投
——水晶景觀列車

從史懷茲文到日內瓦湖畔的蒙投，
多數媒體對最後這一段 MOB 的黃金列
車讚譽有加，並稱之為「水晶景觀列車」
（Crystal Panoramic Express），沿途景觀的
確很有震撼力，連火車也格外出色。尤其
黃金景觀列車接力第三棒，MOB 的黃金
列車首尾兩節都是景觀席，可以欣賞列車
前方風景，駕駛座則設在景觀席的上方，
猶如日本小田急的 Romance Car，膾炙人
口。至於電力火車頭則位於列車中央，前
後各有三節景觀客車，由於列車的車窗實
在是出奇的大，彷彿落地窗一般，讓旅客

• 路線基本資料 •	
路 線 名 稱	Montreaux-Oberland Bernois MOB
所 在 地	瑞士阿爾卑斯山
軌 距	1000mm
通 車 年	1905 ～ 1912 年
路 線 動 力	電車 DC 850V
主 線 長 度	75.2km Zweisimmen-Montreaux
海 拔 最 高 點	1274m Saanenmöser
海 拔 最 低 點	395m Montreaux
海 拔 落 差	879m
營 運 單 位	MOB 私鐵
最 大 坡 度	73 ‰
旅 行 時 間	約 2 小時

② 瑞士 Golden Pass 黃金列車的首尾是景觀席，
旅客可以欣賞列車前方風景。

③ 瑞士格施塔德是個美麗的鄉間小鎮，旅館與
餐廳林立。

④ 瑞士 MOB 這條鐵路，即使只是搭乘一般區
間車，也有非常迷人的山岳風景。

融入了窗外美景之中。

火車從海拔 941 公尺的史懷茲文出發，一開始便進入一個 U 形隧道，讓人失去方向。因為 MOB 的黃金列車的登山坡度，高達 73‰ 卻不用齒軌，只是一路以馬蹄形路線盤旋上山，瑞士山坡田園風景，讓人充分感受黃金列車的美名不虛傳。景觀客車內附設的咖啡吧，有著十分具氣氛的高腳椅陳設，妝點在天然美景裡，彷彿是全世界最美麗的咖啡座。

火車通過 Schönried 不久，來到海拔最高點 1274 公尺的薩嫩默澤（Saanenmöser），火車經過一連串的 U 形彎迴旋下降，來到格施塔德（Gstaad）車站，這是一個度假小鎮，風景優美，是觀賞火車過鐵橋的絕佳地點。接著火車沿著 Saanenland 山區南邊前進，通過一段森林鐵道般的風光後，來到仙碧（Chamby）小站，想搭布羅尼仙碧鐵道（Blonay–Chamby）的蒸汽火車，要在此下車。

最後一段，接著火車穿越海拔 1112 公尺的 Janan

Tunnel，又是高處往下連續一連串的 U 形迴旋下降，從空中俯視美麗的日內瓦湖／雷蒙湖（Lac Léman），一望無垠，像海一般，若非親臨實境，真教人誤以為是在夢中；方才腳下還是遠如積木般的房屋，已漸漸來到眼前，火車停靠在日內瓦湖畔的蒙投站，為這段黃金列車之旅劃下終曲。蒙投站下車之後，美麗的十三世紀的西庸城堡（Château de Chillon），正在湖濱向旅客招手呢！

① 瑞士黃金景觀客車，寬大的車窗，將窗外自然的美景盡收眼底。
② 瑞士 MOB 水晶景觀列車在抵達蒙投之前，從空中俯視日內瓦湖風光。
③ 美麗的十三世紀的西庸城堡，矗立在日內瓦湖畔。

• 路線基本資料 •	
路線名稱	Montreaux–Oberland Bernois MOB
所 在 地	瑞士阿爾卑斯山
軌　　距	1000 mm
通 車 年	1905～1912 年
路線動力	電車 DC 850V
主線長度	75.2km Zweisimmen-Montreaux
海 拔 最 高 點	1274m Saanenmöser
海 拔 最 低 點	395m Montreaux
海拔落差	879m
營運單位	MOB 私鐵
最大坡度	73 ‰
旅行時間	約 2 小時

瑞士冰河列車之旅

　　瑞士由於鐵道發達，兼以冰河景觀眾多，因此，瑞士擁有一個獨步全球的知名列車品牌「冰河列車」（Glacier Express）。它至今仍名列世界十大最佳火車之旅路線，每年運送旅客為二十三萬人次，各車次總行駛里程約四十二萬公里，足足可繞上地球十圈之多，可以見得它受歡迎的程度。

　　冰河列車在台灣也擁有相當高的知名度，這條鐵路的風景圖片，今日猶然經常出現在各類圖書雜誌媒體上，它的風景驚艷，何止代表了瑞士，還代表了歐洲，更蘊含了全球人類對鐵道之旅的驚奇與嚮往。冰河列車、黃金列車與少女峰鐵道，成為台灣旅行社昂貴的瑞士旅遊團，包裝成知名的瑞士三大觀光鐵道。

❹ 冰河景觀列車通過萊茵河畔的鐵道，風景如詩如畫。

以瑞士國旗為車廂顏色的冰河景觀列車，通過知名的
蘭德瓦薩大橋，2008 年此地被登錄為世界遺產。

Glacier Express 之所以不翻譯成冰河快車，實在是因為它的速度並不快，以筆者 2001 至 2004 年親身體驗來說，從策馬特（Zermatt）到聖莫里茲（St.Moritz）全長 291 公里，卻需要 7 小時 50 分才能走完它，反方向約為 7 小時 30 分，大部分路線不是登山就是下山，所以行車速度不能快，卻更能藉機飽覽火車窗景，美景非在終點，盡在過程，而這條鐵路為了觀光用途，特別增開許多寬大車窗的觀光客車，與黃金列車一樣，故名為冰河景觀列車。

其實瑞士有兩條東西向橫貫鐵路，冰河景觀列車在阿爾卑斯山南側，在阿爾卑斯山北側是黃金景觀列車。它與黃金景觀列車相似，並非是單一的觀光路線，而是由三條登山鐵路，三家私鐵公司所聯合經營的觀光火車，包含 BVZ（Brig Vsip Zermatt–Bahn）鐵路公司、FO（Furka–Oberalp）鐵路公司、RhB（Rhätische Bahn）鐵路公司，在布里格（Brig）和迪森第斯（Disentis）兩個銜接點車站，一定得換車頭甚至轉車。三家公司除了冰河列車的主線營運以外，尚有其他登山鐵路線營運，例如 FO 從安德馬特至格瑟念的休蕾內支線，RhB 的 Bernina Express 從庫爾（Chur）至提拉諾（Tirano）等，這些路線與冰河列車的觀光作更緊密的結合。

· BOX ·

冰河列車的歷史

瑞士由於阿爾卑斯山橫亙，為了解決山岳地形的交通運輸問題，於是用 1000mm 軌距，打造一條東西橫向的窄軌鐵路。西元 1903 年，隨著阿布拉隧道的打通與蘭德瓦薩大橋（Landwasser Viaduct）完工，東區的 RhB 鐵路公司克服瑞士阿爾卑斯山區的地形艱險，從聖莫里茲通車到庫爾和迪森第斯；1902 年西區的策馬特至 Visp 也已經通車，這段也就是 BVZ 前身。不過，要將瑞士這東西兩區的登山米軌鐵道相連，中間的福卡隘口（Furkapass）和歐伯拉普（Oberalppass）海拔兩千餘公尺高的山嶺隘口，當時這裡嚴酷的冰河地形，是最大的障礙。

1914 年 Brig-Furka-Disentis（BFD）公司，率先通車至福卡隘口前的關卡 Gletsch，幾年後改為 FO（Furka-Oberalp）公司，成功的攻克福卡和歐伯拉普兩座隘口，鐵路至迪森第斯完工。1926 年 FO 與 RhB 開始進行聯運，1930 年再與 BVZ 聯運，從此全長 291 公里，策馬特到聖莫里茲，東西橫貫阿爾卑斯山的旅程，冰河列車成為這三段鐵路完美銜接的代名詞。從 2003 年 1 月 1 日起，BVZ 與 FO 兩家鐵路公司，還宣布合併成一家新的鐵路公司 MGB（Matterhorn Gotthard Bahn），馬特洪哥達鐵路公司，冰河列車營運進入新的一頁。

冰河列車從 1932 年全線通車迄今，早年為蒸汽火車運行，為克服高山的坡度阻力，早在 1942 年地形艱險的 FO 段先行電氣化，如今全線已電氣化完成。當然，軌距為登山鐵路專用的窄軌 1000mm，以便於火車爬坡與轉彎，其中 BVZ 與 FO 路段採用艾伯特齒軌以利登山，如今仍有少數珍奇的齒軌式與傳統蒸汽火車，被良好保存不定期運行。路線全長 291 公里之中，有兩百九十一座橋梁和九十一個隧道，大部分橋梁以石造拱橋居多，隧道口有素掘，也有石砌，引人入勝，基本上仍維持二十世紀初的原始風貌。

在冰河列車橋梁中，最有名的莫過於聞名全球的

❷ 瑞士冰河列車之旅，沿途可見山頂的冰河。這是 2003 年的照片，如今隨著地球暖化而減少。
❸ 通過石拱橋的伯連納線景觀列車，該路段鐵道已經被登錄世界文化遺產。

蘭德瓦薩大橋；在隧道群中最有名的，則是伯根（Bergün）到布列達（Preda）間的螺旋形與連續 S 形路線，又名阿布拉線（Abulabahn），是搭冰河列車絕不可錯過的精采重點。反倒是先前搭火車可以望見的隆河冰河（Rhone Glacier），因新福卡隧道鐵道改線之故，逐漸被旅客淡忘。因此冰河列車之旅，也等於是認識人類登山鐵路史的知性之旅。

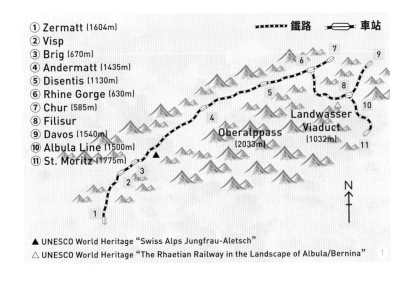

① Zermatt (1604m)
② Visp
③ Brig (670m)
④ Andermatt (1435m)
⑤ Disentis (1130m)
⑥ Rhine Gorge (630m)
⑦ Chur (585m)
⑧ Filisur
⑨ Davos (1540m)
⑩ Albula Line (1500m)
⑪ St. Moritz (1775m)

┅┅ 鐵路　🚉 車站

Oberalppass (2033m)
Landwasser Viaduct (1032m)

N

▲ UNESCO World Heritage "Swiss Alps Jungfrau-Aletsch"
△ UNESCO World Heritage "The Rhaetian Railway in the Landscape of Albula/Bernina"

❶ 2008 年冰河景觀列車的路線圖。該圖用三角形，特別標示出少女峰的阿雷契冰河，伯連納線與阿布拉線，都已經榮登世界文化遺產。

　　2005 年冰河列車的車站與網站，進行歡度冰河列車七十五週年的慶祝活動。2008 年伯連納線與阿布拉線鐵道（Rhaetian Railway in Abulabahn and Berninabahn），被聯合國教科文組織登錄世界文化遺產，瑞士全國更是歡欣鼓舞，冰河列車的 650 號電力機車，還以世界文化遺產蘭德瓦薩大橋進行特別塗裝，以資紀念。為了來自全世界絡繹不絕的觀光客，如今冰河列車行走伯連納線與阿布拉線，都有加大窗景，美輪美奐的景觀車廂服務，旅客一定得先訂位。不過，阿布拉線的景觀車廂，是兩片玻璃銜接，伯連納線的景觀車廂，是一大片玻璃一體成形，形成美麗的弧角，兩者各有其趣，旅客不妨都體驗看看。

· 冰河列車的乘車選擇 ·

　　誠然，冰河列車該路線上除了為觀光旅客特別設計，寬大車窗並含餐車的景觀列車之外，也有一般居民通勤的普通車與短程的區間車，甚至還有貨運列車行駛，肩負地方客貨運輸的功能。對觀光客而言，普通車與區間車只是比冰河列車停靠站稍微多一點而已，不必事先訂位，尤其火車提供旅客免費上下單車，對隨意下車自由行的旅客而言，更適合加以利用。

② 伯連納線景觀列車的外觀，一大片玻璃一體成形，形成美麗的弧角。

③ 伯連納線景觀列車頭等艙，加大窗景，內裝美輪美奐。

今日搭乘冰河列車，旅客可以選擇策馬特，或另端起點聖莫里茲出發，兩端都是瑞士著名的滑雪度假聖地。此外，銜接冰河列車沿線各站交通發達，相對於這條沿阿爾卑斯山南側，連接瑞士東西向橫貫的鐵路，南北縱向鐵路的銜接十分重要，故可從沿途重要城市作延伸旅遊，或從中途城市進入該條鐵路線。例如從策馬特搭乘 GGB 登山鐵路去瑞士名山「馬特洪峰」；從布里格接國鐵北往日內瓦或伯恩，南往義大利米蘭；從安德馬特（Andermatt）接國鐵北往盧森或蘇黎世，南往盧加諾；從庫爾接國鐵往蘇黎世或聖加倫等。換言之，整條冰河列車路線也是東西向橫貫的交通要道，只是軌距較小的登山鐵路，旅客也未必須要從起點搭起或從終點離開，這也就是瑞士鐵道密如蛛網的特性。

策馬特至布里格路線

策馬特是整條冰河列車西端的起點,搭乘冰河列車從策馬特出發,海拔 1605 公尺,策馬特經由菲士普(Visp)到達布里格,這一段為 BVZ 鐵路公司的路段,BVZ 也就是 Brig Visp Zermatt 三個地點的縮寫。這個路線名稱,2003 年以後就已經改變,所以 Brig Visp Zermatt 三個英文字的標章,只存在老一代鐵道旅人的相簿與記憶中,如今照片顯得異常珍貴。

相較於冰河列車的其他兩個路段 FO 與 RhB,BVZ 的路線最短,而且是一路往下降,由於海拔落差很大,所以 BVZ 採用 Abt 齒軌,冰河列車的主線最大坡度 125 ‰ 也在這個路段。由於策馬特這個城市,是禁止所有汽車進入的,故在 Täsch 的平原地設有汽車停車場,旅客可搭區間車或步行前往策馬特,搭乘 GGB 登山鐵路前往瑞士山岳的代表「馬特洪峰」

• 路線基本資料 •	
路線名稱	Brig Visp Zermatt / BVZ
所在地	瑞士阿爾卑斯山
軌距	1000mm
通車年	1902 年
路線動力	電車 AC 11kv, 16 2/3Hz
主線長度	Zermatt-Brig 43.98km
海拔最高點	1605m Zermatt
海拔最低點	651m Visp
海拔落差	954m
營運單位	MGB
最大坡度	125 ‰
齒軌種類	Abt type
旅行時間	約 1 小時 33 分

① 冰河列車的起點策馬特站的車站餐廳,外觀造型就是冰河景觀列車,是兩片玻璃銜接。

❷ Brig Visp Zermatt 三個英文字的火車，如今只存在老一代鐵道旅人的記憶中。

❸ 該段鐵路的區間車，車窗可以拉下，以方便旅客拍照。

（Matterhorn），終點高納葛拉特（Gornergrat）車站，也被視為冰河列車旅行的延伸。

火車從策馬特出發了，冰河列車在山谷中緩緩行進，旅客的相機面對窗外的美景而忙碌不已。其實您不一定要選擇大片玻璃的景觀列車，雖然內裝豪華，票價昂貴，但是因為車窗密閉與車內反光的問題，並不利於拍照。您也可以選擇該段鐵路的區間車，車窗有兩個旋鈕可以拉下，以方便旅客拍照，反而成為許多背包旅客的最愛。這一段鐵路沿途的風景，火車沿著隆河谷地（Rhone Valley）而行，沿途經過的小鎮如聖尼克勞斯（St.Niklaus），海拔 1127

公尺，風景如詩如畫，可以拍到以馬特洪峰為背景的冰河列車，漸漸的火車降至平地附近，該段鐵路最低點的菲士普，海拔僅 651 公尺，鐵路與瑞士國鐵 SBB 會合，旅客可在此地換車往日內瓦。

最後火車來到海拔 671 公尺的布里格站，車站月台就在 SBB 瑞士國鐵布里格站的外面，旅客在同一月台，從 BVZ 換乘 FO 列車，繼續後面的鐵道行程。而布里格南邊的山景，白雪皚皚非常漂亮，那是辛普倫山脈（Simplo），瑞士通往義大利的辛普倫隧道，曾經是人類歷史上最長的陸上鐵路隧道，直到 1982 年被日本新幹線大清水隧道所超越。

❶ Brig Visp Zermatt 鐵路沿途的風景，火車沿著隆河谷地而行。
❷ 布里格車站，前面是冰河列車，後面是 SBB 瑞士國鐵的月台。

由於 2003 年起，BVZ 與 FO 兩家鐵路公司，合併成新的馬特洪哥達鐵路公司 (MGB, Matterhorn Gotthard Bahn)。換言之，透過一樣的 Abt 齒軌鐵路，一樣的紅色客車，火車從馬特洪峰下，可以遠行至哥達 (Gotthard) 隧道上，從此冰河列車，更有了新的連結意義。2016 年 5 月 6 日，當時阿里山鐵路還在台鐵代為經營的期間，透過台鐵的關係，阿里山森林鐵路與瑞士馬特洪哥達鐵路公司 MGB 公司，簽署姐妹鐵道合作備忘錄，讓台灣與瑞士的登山鐵道正式連結在一起。所以有很多台灣的旅客來到這裡，都會在車站看到國旗與台鐵的標誌，而驚呼連連呢！

❸ 瑞士的冰河列車在山谷中行進，美麗的沿線風景。

❹ 冰河列車月台設於車站外面，FO 與 BVZ 路段的轉乘車站就在這裡，11 與 12 號月台，如今已經合併為 MGB。

① 冰河列車從 Realp 至安德馬特的草原風光。

福卡歐伯拉普路線

搭乘 BVZ 冰河列車來到從布里格下車後，不用出站，就可以同月台轉乘，同一月台銜接對面 FO 鐵路公司的火車，如果是冰河景觀列車，是屬於跨境直通列車，則不必換車。而 FO 冰河列車也是齒軌式，這一段鐵路便相當精采！為了通過中間兩座福卡和歐伯拉普海拔兩千餘公尺高的隘口，從海拔高度來看，鐵路高度就像一個 M 字一樣，高度兩上兩下呢！

火車首先從布里格海拔 671 公尺逐步爬昇，從貝騰（Betten）到拉克斯（Lax）有一段精彩的齒軌火車登山過程，尤其是 Grengiols 海拔 891 公尺，至拉克斯海拔 1045 公尺之間的迴圈型隧道，火車坡度高達 90‰。冰河列車急速爬升後到達費爾斯站海拔已經 1062 公尺，您可下車步行或搭巴士到埃基斯峰

• 路線基本資料 •	
路 線 名 稱	Brig Visp Zermatt / BVZ
所 在 地	瑞士阿爾卑斯山
軌 距	1000 mm
通 車 年	1902 年
路 線 動 力	電車 AC 11kv, 16 2/3Hz
主 線 長 度	Zermatt-Brig 43.98km
海 拔 最 高 點	1605m Zermatt
海 拔 最 低 點	651m Visp
海 拔 落 差	954m
營 運 單 位	MGB
最 大 坡 度	125 ‰
齒 軌 種 類	Abt type
旅 行 時 間	約 1 小時 33 分

（Eggishorn）海拔 2878 公尺，觀賞歐洲最長的阿雷契冰河，這個冰河即是少女峰鐵道到山頂最高點，所觀看的同一冰河。

火車依舊沿著隆河谷地向東行，緊接著來到一個非常重要的關卡上瓦爾德（Oberwald），海拔 1366 公尺。以前火車要翻越海拔 2160 公尺高的福卡站，也是昔日最高點，但是因為火車經過福卡隘口，經常發生冬季大雪封路的問題，於是計劃改線經由福卡山底的隧道通過。因此，現在火車穿越隆河冰河的下面，全線最長的福卡底部隧道（Furka base tunnel），全長 15.442 公里，在 1982 年 7 月 26 日才新建通車，這個隧道目前仍是世界第一長的米軌火車隧道。不過，也因為從此看不到隆河冰河，讓冰河列車有名不符實之憾，於是舊路線在 1992 年用古老的蒸汽火車復駛（詳見後面 DFB 單元），造成極大的轟動！如今您仍可看

❷ 列車通過休蕾內鐵路的拱橋風景。

到上瓦爾德與 Realp 兩個車站，提供汽車置於火車平車的接駁服務，因為開汽車通過福卡隘口，海拔 2431 公尺的山嶺是件十分辛苦的事。

火車出福卡隧道之後抵達 Realp，緊接著火車到達瑞士國土中央的安德馬特，再度爬昇到海拔 1436 公尺。安德馬特是個非常重要的一站，有著「阿爾卑斯山鐵路交叉點」之稱。這個車站地底下面，即是知名的哥達隧道（Gotthard Tunnel），全長 15 公里，為標準軌鐵路貫穿阿爾卑斯山，1882 年通車。為了銜接瑞士國鐵轉車，可往盧森、蘇黎世及盧加諾。所以從這裡有一條休蕾內支線（Schöllene bahn），從安德馬特通到哥達隧道北口的格瑟念（Göschenen）。

這條休蕾內鐵路支線風景非常精采，從海拔 1436 公尺的安德馬特至海拔僅 1106 公尺的格瑟念，短短不到 4 公里的路程竟下降 330 公尺，創造冰河列車最大坡度 179‰，為全線第一，車廂傾斜得很厲害！火車

❶ 冰河列車餐車的紀念酒杯，杯腳是傾斜的。
❷ 冰河列車停靠全線最高點歐伯拉普隘口站，海拔 2033 公尺。

在極為險峻的休蕾內峽谷（Schöllenen Gorge），穿過岩壁攀附而行，鐵道的拱橋下方，是峽谷的湍急河流，故在 1950 年代便有惡魔之橋（Devil's Bridge）之稱，旅客從車窗往下望，無不膽顫心驚！

通過安德馬特後，緊接著火車以連續 S 形路線急速爬昇，旅客可以從四次不同高度看到山下的安德馬特，猶如阿里山鐵路從獨立山多次下望樟腦寮站一樣。火車在這一段為全線最大坡度，110‰，在傾斜的車廂內，為了不要讓酒溢出來，您終於明白冰河列車餐車的紀念酒杯，為何杯腳是傾斜的了！

緊接著火車到達全線鐵路最高點，海拔 2033 公尺的歐伯拉普隘口，車站外面就是美麗的歐伯拉普湖。火車從這一站開始慢慢往下降，過了這個分水嶺之後，窗外可見托瑪湖（Tomasee），這裡是萊茵河的上游源頭，而冰河列車之旅也正式從隆河流域，來到萊茵河流域。接下來，火車經過 Sedrun、Segnas，一路急降至海拔 1130 公尺的迪森第斯，到此地 FO 鐵路公司的火車之旅結束，在同一月台轉乘，改換搭 RhB 鐵路公司的火車，繼續完成旅行。

❸ 惡魔之橋與橋下峽谷的湍急瀑布。

火車通過安德馬特後，以連續 S 形路線急速爬昇，
旅客可以從四次不同高度看到山下的安德馬特車站。

福卡隘口的蒸汽火車傳奇

福卡隘口的蒸汽火車 DFB（Dampfbahn Furka–Bergstrecke），是近年來一條瑞士非常知名的保存鐵路。

這條路線從 Realp 到上瓦爾德，原本是冰河列車最高點的路段，從車窗可以望見隆河冰河。然而從 1925 至 1981 年間，火車要通過全線最高點福卡隘口，每年冬天下大雪，從上瓦爾德到 Realp 整條路線都被冰雪所覆蓋，積雪過深，剷雪車趕忙不及，每每造成交通中斷。所以後來 1982 年新建福卡隧道通車，火車從山底下通過，才解決冬季路線中斷的問題。

然而冰河列車的舊線鐵路廢棄之後，不只旅客再也看不到隆河冰河，而當年冰河列車的最高點福卡站海拔 2160 公尺，也從此成為歷史。從此，冰河列車鐵路最高點下降，轉移至海拔 2033 公尺的歐伯拉普隘口，而且無法從車窗望見冰河，成為冰河列車旅客們的遺憾。不過，由於這條舊路線景觀優美，為了可以重溫昔日隆河冰河的風景，一群鐵路愛好人士組成 DFB 公司，在睽違十年之後，1992 年 7 月起首先修復局部路段 Realp—Tiefenbach，並且使用古老的蒸汽火車復駛，牽引懷

• 路線基本資料 •	
路 線 名 稱	Dampfbahn Furka-Bergstrecke
所 在 地	瑞士阿爾卑斯山
軌 距	米軌 1000 mm
通 車 年	原冰河列車路線 1982 年因新隧道通車而廢棄 1992/7/11 Realp-Tiefenbach 修復通車 1993/7/30 Tiefenbach-Furka 修復通車 2000/7/24 Furka-Gletsch 修復通車 2010/7 Gletsch 到 Oberwald 修復通車
路 線 動 力	DFB 齒軌式蒸汽火車
主 線 長 度	17.83km Realp-Gletsch
海拔最高點	2163m Furka DFB
海拔最低點	1546m Realp DFB
海 拔 落 差	622 m
營 運 單 位	DFB（私鐵）
最 大 坡 度	118 ‰
齒 軌 種 類	Abt type
旅 行 時 間	1 小時 50 分

❶ 鐵道的旅程起點 Realp DFB 車站，海拔 1546 公尺。

舊的古董客車，造成極大的轟動！筆者 2001 年的體驗，從 Realp 至 Gletsch 13.3 公里已經完成營運，行駛時間約 100 分鐘。後來最後一段 Gletsch 到上瓦爾德這段鐵路在 2010 年修復，搭乘冰河列車從 Realp 或上瓦爾德兩端，都可以搭乘 DFB 的復古蒸汽火車。

這條鐵路的路線風景非常漂亮！相當於冰河列車的「復古版」。當蒸汽火車冒著濃濃黑煙，在冰河高原上行駛，汽笛一聲在山谷中迴盪，沿著冰川雪融之河，飄起陣陣白煙，汽笛一聲，響徹山谷，令人無限震撼！火車一路以齒軌的方式爬升至福卡站，海拔 2160 公尺最高點，然後穿越長 1874 公尺的舊福卡隧道之後，一路下降至 Gletsch，昔日隆河冰河的風景就在車窗外，從 Realp 至上瓦爾德翻越福卡隘口的公路，

❷ DFB1 號的蒸汽火車，在海拔 1538 公尺的 Realp 車站，生火待發。

❸ DFB1 號的蒸汽火車牽引三節觀光客車，自福卡隘口一路下降，穿越石拱橋，這是夏季才可以目睹的珍貴畫面。

可以一睹這個壯觀場面。不過每天蒸汽火車僅兩班往返，每年僅限於 7 月到 10 月才營運。

有很多款 SLM 製的齒軌式蒸汽火車，都在此地保存著，首先像是 1913 年的 DFB 1 號與 1914 年的 DFB 9 號，他們都是過去 DFB 的主力蒸汽火車，以藍色為主。HG 3/4 是 Abt 齒軌式，但是從外觀看不到驅動齒軌的主齒輪，藏在動輪內側，平地最高時速 45 公里，齒軌登山時速 20 公里。過去曾經是行駛在 FO 路段，鐵路電氣化之後 1947 年被賣掉，現今又回到它的故鄉服務，蒸汽火車動態保存可謂名符其實。另外，最古老的 DFB 6 號是 1902 年製，原服務於 BVZ 路段，是原先冰河列車上的蒸汽火車，最年輕的 DFB 704 號是 1923 年製，

是目前這裡動態保存 SLM 動輪總數最多的蒸汽火車，唯一一台綠色的，最受鐵道迷歡迎。總之在 DFB 這裡，早已成為瑞士珍貴的齒軌式蒸汽火車的天堂。

• DFB 的 SLM 製的齒軌式蒸汽火車名單 •
HG 2/3 DFB6Weisshorn(1902) SLM 1410
HG 2/3 DFB7Breithorn(1906) SLM 1725
HG 3/4 DFB1Furkahorn(1913) SLM 2315
HG 3/4 DFB4 (1913) SLM 2318
HG 3/4 DFB9Gletschhorn(1914) SLM 2419
HG 4/4 DFB704 (1923) SLM 2940

❶ DFB 的蒸汽火車駛近，隨著陣陣白煙，汽笛一聲，響徹山谷！
❷ DFB 704 號是 1923 年製，是目前這裡動態保存，動輪總數最多的蒸汽火車。

. B O X .

瑞士的鐵路電氣化 100 %

瑞士由於山地占國土的主要部分，所以瑞士國鐵 SBB 的路線，早已完成鐵路電氣化 100 %，以加強火車登山的能力，這項紀錄目前全球也只有瑞士完成。而其他瑞士境內眾多的私鐵，大部分也完成鐵路電氣化，唯獨兩條保存鐵路例外，一條是本單元的 DFB，另一條則是 BRB，因為這兩條都是以懷舊蒸汽火車運行，擁有獨特的魅力。所以也不需電氣化，便吸引無數光客蜂擁而至。

由此可見，保存鐵路以保存文化資產為主要目的，而非交通運輸，對於鐵路現代化不但不加鼓勵，甚至還會排斥，這正是文化資產鐵道的真諦。

• 路線基本資料 •	
路線名稱	Rhätische Bahn / RhB
所 在 地	瑞士阿爾卑斯山
軌　　距	米軌 1000 mm
通 車 年	1903 年
路線動力	電車 AC 11kv, 16 2/3Hz
主線長度	Disentis–St.Moritz 150.35Km
海 拔 最 高 點	1820m Albula Tunnel
海 拔 最 低 點	604m Reichenau-Tamins
海拔落差	1216 m
營運單位	RhB
最大坡度	35 ‰
旅行時間	約 2 小時 30 分

世界文化遺產—— 阿布拉螺旋線與大拱橋

　　RhB（Rhätische Bahn）是瑞士鐵路最具規模的米軌私鐵公司，與瑞士標準軌的 BLS 私鐵公司旗鼓相當。RhB 也是冰河列車路線最長的一段，不同於前面兩家私鐵，RhB 火車採取一般鐵路的黏著式軌道，不靠齒軌，僅靠 S 形與螺旋形路線便能登山，故採用更強而有力的登山電力機車，這是與前面兩段火車最大不同的地方。也因為這個共同性之故，瑞士 RhB 鐵路與日本箱根登山鐵路，締結為「姐妹鐵道」，最重要的是歐鐵聯票可以適用，十分方便。

　　由於 RhB 鐵路公司採用非齒軌技術，冰河景觀列車也必須更換電力車頭。火車從海拔 1130 公尺的迪

❶ 冰河景觀列車通過 RhB 路段的石拱橋，中間一節藍色的是餐車，前後各兩節是紅色的車廂。

森第斯出發，一路緩降至伊朗茨（Ilanz）海拔 702 公尺，火車進入一個深山峽谷中，沿著河谷前進，這裡是萊茵峽谷（Rhine Gorge），由於山勢險峻，故有瑞士的大峽谷之稱。緊接著火車來到分歧點萊西奴（Reichenau–Tamins），海拔僅 604 公尺，這是全線海拔最低的一站，這一站以萊茵河的分歧點聞名，也是鐵路的分歧點。從這裡火車可依順時針方向分歧至庫爾以及達沃斯（Davos），海拔 1540 公尺；多數選擇往下方向到聖莫里茲，海拔為 1775 公尺。不過大部分精采的重點，都是集中在後面這一路段。現今冰河景觀列車都會先開到庫爾，稍事停留才將列車重新開出，前往聖莫里茲。

火車從萊西奴起再次往上爬升，通過一個非常漂亮的小鎮圖西斯（Thusis），火車便進入阿布拉河流域，然後到蒂芬卡斯特爾（Tiefencastel）海拔 894 公尺，這時火車上開始騷動！旅客靠向右側窗口，因為接下來到菲力蘇爾（Filisur）前方，會通過全球知名的蘭德瓦薩大橋，幾乎所有車上的旅客都探出頭來拍照。橋身高掛懸在山谷間令人震撼，這座橋是在 1902 年底完工，長 130 公尺，高 65 公尺，六座漂亮的磚造弧拱橋墩，高高撐起橋梁，美麗的石造紋理，今日猶然是冰河列車的景觀代表之一。

火車來到菲力蘇爾，這裡有來自達沃斯的路線，例如海迪景觀列車（Heidi Express）就在此地會合。火車離開菲力蘇爾之後，立刻經過一個迴圈隧道，緊接

❶ 下山火車正通過上層拱橋。

❷ 下山火車通過上層拱橋後，穿入 677m 長的隧道後，繞一圈從下層鑽出。

瑞士冰河列車 RhB 路段，最知名的景點蘭德瓦薩大橋。

著這條路線的重頭戲即將登場，這段是全球著名的阿布拉線（Albula line）大螺旋，號稱全世界最複雜的登山鐵道。2008 年阿布拉線與蘭德瓦薩大拱橋，被聯合國教科文組織登錄為世界文化遺產，更讓此地成為世界鐵道的觀光勝地。

　　火車從海拔 1372 公尺的伯根（Bergün），爬到海拔 1788 公尺的布列達（Preda），火車竟在短短兩站之間，長 12.5 公里的路線爬昇 416 公尺。然而火車竟然不靠齒軌的幫助，經過連續螺旋形與 S 形登山路線景觀，經八個隧道七座橋梁，把最大坡度控制在 35‰。昔日瑞士的鐵路為了翻越阿布拉隘口（Abula pass）這個關卡，火車需要特大的馬力，瑞士著名的關節式登山電

● 旅客搭乘冰河列車，總是會伸出窗外，拍攝美麗的石拱橋風景。
❷ 瑞士關節式登山電力機車米軌「鱷魚」，保存一部 407 在伯根車站外展示。

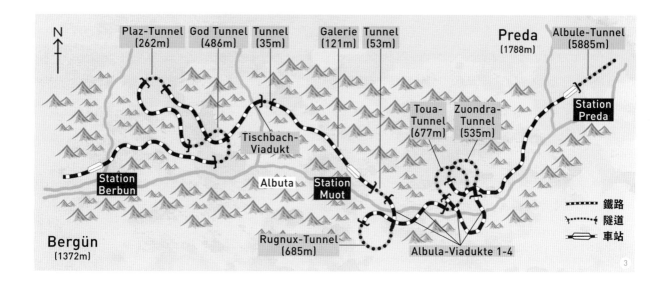

Plaz-Tunnel (262m)　God Tunnel (486m)　Tunnel (35m)　Galerie Tunnel (121m)　Tunnel (53m)　Preda (1788m)　Albule-Tunnel (5885m)

Toua-Tunnel (677m)　Zuondra-Tunnel (535m)

Station Preda

Station Berbun

Tischbach-Viadukt

Albuta　Station Muot

Bergün (1372m)

Rugnux-Tunnel (685m)　Albula-Viadukte 1-4

鐵路
隧道
車站

3

❸ 2008 年的世界遺產鐵道，瑞士阿布拉線鐵道
地圖。

力機車米軌「鱷魚」(Crocodile)，就保存一部 407 在伯
根車站外展示，這裡還設置一個阿布拉線鐵道博物館
(Bahnmuseum Abula)。

　　火車開出伯根之後，先以連續 S 形三圈 U 形彎
往上爬，旅客可從車窗下望剛剛經過的鐵道，然後再
打一個迴圈，經過跨河的拱橋之後，最後一段轉圈，
從天空俯瞰有點像米老鼠 Mickey 的臉譜，鐵道路線
先打一個耳朵形，接著往下畫一個臉，再往上畫一個
耳朵形，疊在剛剛那個耳朵右上方，令人暈頭轉向！
當火車辛苦的爬上布列達之後，隨即穿越全線最高點
海拔 1820 公尺，長 5865 公尺的阿布拉隧道 (Albula
Tunnel)，火車就開始下降了。在 1898 至 1903 年打通
的阿布拉隧道，通車當時是阿爾卑斯山區海拔最高的
隧道。建議您可以選擇在伯根站下車，從教堂外的草
原往上望，火車以不同的高度出現三次，猶如阿里山
鐵路從樟腦寮站望獨立山一樣。

　　這時火車來到莎美丹 (Samedan)，這是一個分歧
往 Zernez 路線的車站，茵加丁之星景觀列車 (Engadin
Ex-press)，便來到此地會合。不久火車穿越隧道，將
看到一個漂亮的湖面，出現在車窗左側，聖莫里茲湖
在望，終點海拔 1775 公尺的聖莫里茲終於到了。回
首這一路冰河列車上上下下，海拔時高時低，景觀變

化萬千，冰河列車的魅力終究名不
虛傳。

　　2003 年筆者來到這裡，親自走
完全程，該鐵路慶祝 1903 至 2003
年走過百年的紀念。當一切旅行結
束，步行到聖莫里茲湖畔，美景如
詩如畫，火車站就在湖濱旁邊。石
造拱橋旁又傳來火車聲，一輛古董
電車正將啟航，那是伯連納列車
（Bernina Express），開往義大利方
向，冰河列車似乎沒有終點，即使
到了終點也有無限的延伸。筆者在湖濱深深思考著為
何阿里山鐵路，一樣有複雜的螺旋線，卻不能像瑞士
冰河列車那樣聞名全世界？同為登山鐵路卻有如此不
同的境遇……

❶ 伯連納列車 Bernina Express 正通過石拱橋，
　橋上寫著這條 RhB 鐵路成為 UNESCO 聯合
　國教科文組織的世界文化遺產。

❷ 海拔 1775 公尺的 St.Moritz 聖莫里茲車站，
　與美麗的湖濱風光。

伯連納與海迪列車

位於瑞士格里松州（Grischun），屬於羅曼斯語區，這裡的登山鐵道以 RhB 最具代表性，同時也是瑞士最大的米軌私鐵公司。有趣的是 RhB 以聖莫里茲為分隔點，北段區間交流用瑞士的 AC 11kv ,16 2/3Hz，屬於羅曼斯語區；南段區間用義大利直流 DC 1kv，屬於義大利語區，語言與鐵路電壓竟然有關聯性。而 RhB 除了經營冰河列車之外，另外最膾炙人口的，莫過於行走伯連納路線與海迪路線的伯連納與海迪（Heidi Express）景觀列車。

伯連納路線與海迪路線其實很類似，主要差異在於北段，伯連納列車是逆時針方向，從庫爾、圖西斯到聖莫里茲（Chur–Thusis–St.Moritz），海迪列車是順時針方向蘭德誇特、圖西斯到聖莫里茲（Landquart–Thusis–St.Moritz），但是擁有相同的後半段，最後都是合併至往義大利方向，開往提拉諾（Tirano）的直流區間鐵道。其中伯連納景觀列車的庫爾、圖西斯到聖莫里茲這一段與冰河列車是完全重疊的，所以多數旅客比較會將從聖莫里茲到提拉諾的旅程，視為正統的伯連納列車。而且在冰河列車抵達聖莫里茲之後，您可以休息過一夜，繼續搭乘往提拉諾的旅程，因此伯連納與海迪景觀列車，也被視為冰河列車的旅程延伸，大約需 2 時 30 分。

隨著蘭德誇特到圖西斯的路線於 1896 年完工，以及 1904 年圖西斯到聖莫里茲完工通車，北段重疊冰河列車的路段已經完成，1910 年聖莫里茲到提拉諾完工通車，南段伯連納列車

・路線基本資料・	
路線名稱	Bernina Express、Heidi Express
所 在 地	瑞士阿爾卑斯山
軌 距	米軌 1000mm
通 車 年	1910 年
路線動力	北段交流 AC 11kv ,16 2/3Hz 南段直流 DC 1kv
主線長度	144 km 北段 Chur—Thusis—St.Moritz 83.3km landquart— Thusis—St.Moritz 南段 St.Moritz—Tirano 60.7km
海 拔 最 高 點	2253m Ospizio Bernina
海 拔 最 低 點	429m Tirano
海拔落差	1824m
營運單位	Rhätische Bahn / RhB
最大坡度	70 ‰
旅行時間	北段約小 2 時 （Chur—St.Moritz）（landquart—St.Moritz） 南段約 2 小時 30 分 （St.Moritz—Tirano）

便開始運行，比 1930 年冰河列車全線通車歷史更悠久。伯連納景觀列車的特徵，在於圓弧形的景觀車窗，與冰河列車的多邊形車窗大不相同，顯得更佳寬廣、耀眼，艷紅的車體在雪地更加燦爛，而海迪景觀列車則使用一般 RhB 的景觀車廂。

火車從海拔 1775 公尺的聖莫里茲出發，也是一個直流交流電壓的分隔車站，從這裡改用直流火車開往蓬特雷西納（Pontreisina）。您會發現包含沙美丹在內這三個車站，構成一個三角形，RhB 的火車有互相接駁的班次，為避免旅客的接駁權益受損，會盡量在月台上等候，所以難免會因為某一方的火車誤點，而耽擱了列車的時程。瑞士火車是向鐘錶一樣準點著稱，不過在這裡可不一定，這也算是入境隨俗，標準的義大利文化吧。

緊接著火車最大坡度 70‰ 開始爬坡，竟是連續

❶ 火車來到伯連納路線的最高點 Ospizio Bernina，海拔 2253 公尺。

② 今日已經消失的伯連納冰河景色，與昔日的單
節伯連納列車。

③ Bernina and Heidi Express map 伯連納與海迪
列車的地圖。

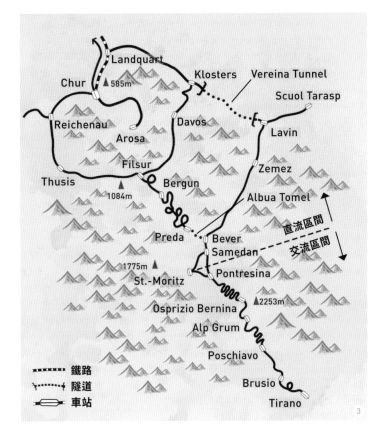

鐵路
隧道
車站

④ 2010年這條伯連納鐵路慶祝一百週年，與
榮獲世界文化遺產的慶祝文宣。

的U形迴旋上升，美麗的三道伯連納冰河出現了，
車廂內傳來陣陣尖叫聲！的確，在今日冰河列車已經
無法從車窗望見冰河的情況下，伯連納景觀列車的冰
河令人驚艷，彌補了不少旅人的遺憾。火車來到伯連
納路線的最高點歐斯皮茲歐（Ospizio Bernina），海拔
2253公尺，超越冰河列車的最高點歐伯拉普隘口2033
公尺，車站外面即是白湖（Lago Bianco）與高山湖泊
發電的水壩，三道雪白壯觀的冰河就在湖對面的山壁
上，多數旅客會下車一遊，看到壯觀的伯連納冰河，
是伯連納與海迪列車最知名的景點。2008年，伯連納
線與冰河地景（Rhaetian Railway in the Bernina），被聯
合國教科文組織登錄為世界文化遺產。

　　火車通過Ospizio Bernina，從高處往下一連串的
U形迴旋下降，來到阿爾卑斯山（Alp Grüm），這裡可
以看見帕魯冰河（Palu）。火車沿著Poschiavo河谷一
路下降，在通過Brusio站約十公里南邊，另一個知名

第 ⑧ 章　瑞士經典觀光鐵道案例　伯連納與海迪列車
Heritage Railway of Switzerland　Bernina and Heidi Express

瑞士伯連納景觀列車，行經伯連納白湖的景色。

景點呼之欲出，火車通過布魯西奧迴圈石拱橋（Brusio Loop Viaduct），這是世界上獨一無二的開放型迴圈拱橋，一共九個弧拱，中間還有三個現代雕塑。最後伯連納景觀列車都到達終點，海拔 429 公尺的提拉諾，完成一次精采的冰河與湖泊的美麗邂逅。這裡是義大利國鐵的邊境站，有前往義大利米蘭的標準軌鐵路，經過科莫湖（Lago di Como）高山湖泊，又是另一段永無止境的山岳鐵道之旅。

❶ 伯連納火車在 Brusio 附近，通過一個迴圈型石拱橋。
❷ 伯連納列車通過布魯西奧迴圈型石拱橋。

附 錄

全球文化資產鐵道名單

英　國
UNITED KINGDOM

以下為英國文化資產鐵道的參考名單，每個地區名單，基本架構分成 1. 標準軌距 (Standard gauge)、2. 鐵道保存中心與博物館 (Railway centres and museums)、3. 窄軌距 (Narrow gauge)、4. 迷你軌距 (Miniature gauge)、5. 城市軌道交通 (路面電車與馬車鐵道)(Tramways) 五大類。這裡面還包含為數甚多的鐵道博物館，附設經營的博物館鐵道，路線很短，甚至是可以載人的庭園鐵道都有，故稱為迷你軌距 (Miniature gauge)，提供給讀者參考。

1 東英格蘭
East of England

標準軌距
Standard gauge
· Colne Valley Railway, Castle Hedingham, Essex
· Epping Ongar Railway, Ongar, Essex
· Mid-Norfolk Railway, Dereham, Norfolk
· Mid Suffolk Light Railway, Brockford, Suffolk
· Nene Valley Railway, Wansford, Cambridgeshire
· North Norfolk Railway, Sheringham, Norfolk

· · ·

鐵道保存中心與博物館
Railway centres and museums
· Bressingham Steam and Gardens, Diss, Norfolk
· East Anglian Railway Museum, Chappel & Wakes Colne Station, Essex
· Mangapps Railway Museum, Burnham-on-Crouch, Essex
· Railworld Wildlife Haven, Peterborough, Cambridgeshire
· Whitwell & Reepham Railway, Reepham, Norfolk

· · ·

窄軌距
Narrow gauge
· Bressingham Steam and Gardens, Diss, Norfolk
· Great Whipsnade Railway, ZSL Whipsnade Zoo, Bedfordshire
· Leighton Buzzard Light Railway, Bedfordshire
· Southend Pier Railway, Southend-on-Sea, Essex
· Waltham Abbey Royal Gunpowder Mills, Essex
· Yaxham Light Railway, Norfolk—private site

· · ·

迷你軌距
Miniature gauge
· Audley End Railway, Essex
· Bure Valley Railway, Aylsham, Norfolk
· Bushey Miniature Railway, Bushey, Hertfordshire
· East Herts Miniature Railway, Ware, Hertfordshire
· Eaton Park Miniature Railway, Norwich, Norfolk
· Fancott Miniature Railway, Bedfordshire
· Rex Express, Paradise Wildlife Park, Hertfordshire
· Great Woburn Railway, Woburn, Bedfordshire
· Museum of Power, Langford, Essex
· Wells & Walsingham Light Railway, Wells-next-the-Sea, Norfolk
· Wells Harbour Railway, Wells-next-the-Sea, Norfolk

· · ·

城市軌道交通　路面電車
Tramways
· East Anglia Transport Museum, Lowestoft, Suffolk

· · ·

2 東中部地區
East Midlands

標準軌距 Standard gauge
· Battlefield Line, Shackerstone, Leicestershire
· Ecclesbourne Valley Railway, Wirksworth, Derbyshire
· Great Central Railway, Loughborough, Leicestershire
· Great Central Railway (Nottingham), Ruddington, Nottinghamshire
· Lincolnshire Wolds Railway, Ludborough, Lincolnshire
· Midland Railway – Butterley, Derbyshire
· Northampton & Lamport Railway, Pitsford and Brampton, Northamptonshire
· Northants Ironstone Railway, Hunsbury Hill, Northamptonshire
· Peak Rail, Matlock, Derbyshire
· Rushden, Higham & Wellingborough Railway, Rushden, Northamptonshire
· Rutland Railway, Cottesmore, Rutland

· · ·

鐵道保存中心與博物館
Railway centres and museums
· Appleby Frodingham Railway, Scunthorpe, Lincolnshire
· Barrow Hill Railway Centre, Barrow Hill nr Chesterfield, Derbyshire
· Nottingham Transport Heritage Centre, Ruddington, Nottinghamshire
· Rushden Transport Museum, Northamptonshire

· · ·

窄軌距
Narrow gauge
· Billing Aquadrome Miniature Railway, Great Billing, Northamptonshire
· Crowle Peatland Railway, Crowle, North Lincolnshire
· Derbyshire Dales Narrow Gauge Railway, Rowsley, Derbyshire
· Golden Valley Light Railway, Butterley, Derbyshire
· Greenlea Light Railway, Burbage, Leicestershire - private site
· Irchester Narrow Gauge Railway Museum, Irchester, Wellingborough, Northamptonshire
· Lincolnshire Coast Light Railway, Skegness, Lincolnshire

- North Ings Farm Railway, Lincolnshire
- Steeple Grange Light Railway, Wirksworth, Derbyshire
- Wicksteed Park Railway, Kettering, Northamptonshire

...

迷你軌距
Miniature gauge
- Cleethorpes Coast Light Railway, Lincolnshire
- Mablethorpe Miniature Railway, Queens Park, Mablethorpe, Lincolnshire
- Stapleford Miniature Railway, near Melton Mowbray, Leicestershire

...

城市軌道交通 路面電車
Tramways
- A 1931 Leeds tram seen at Crich Tramway Village in 2004
- National Tramway Museum, Crich, Derbyshire

...

3 北英格蘭
North England

標準軌距
Standard gauge
- Aln Valley Railway, Alnwick, Northumberland
- Bowes Railway, Tyne and Wear
- Derwent Valley Light Railway, Murton, North Yorkshire
- East Lancashire Railway, Bury, Greater Manchester
- Eden Valley Railway, Warcop, Cumbria
- Elsecar Heritage Railway, South Yorkshire
- Embsay and Bolton Abbey Steam Railway, Embsay, North Yorkshire
- Keighley & Worth Valley Railway, Haworth, West Yorkshire
- Lakeside & Haverthwaite Railway, Haverthwaite, nr Staveley, Cumbria
- Middleton Railway, Hunslet, West Yorkshire
- North Tyneside Steam Railway, North Shields, Tyne and Wear
- North Yorkshire Moors Railway, Pickering, North Yorkshire
- Ribble Steam Railway, Preston, Lancashire
- Stainmore Railway, Kirkby Stephen, Cumbria
- Tanfield Railway, Marley Hill, County Durham
- Weardale Railway, Stanhope, County Durham
- Wensleydale Railway, Leeming Bar, North Yorkshire
- Yorkshire Wolds Railway, Sledmere-Fimber, East Yorkshire

...

鐵道保存中心與博物館
Railway centres and museums
- Astley Green Colliery Museum, Lancashire
- Beamish Museum & Railway Centre, County Durham
- Carnforth Railway Centre, Carnforth, Lancashire
- Crewe Heritage Centre, Crewe, Cheshire
- Head of Steam, Darlington, County Durham
- Haig Colliery Mining Museum, Cumbria
- Leeds Industrial Museum, Armley, West Yorkshire
- Locomotion, Shildon, County Durham
- Monkwearmouth Station Museum, Sunderland
- National Railway Museum, York, North Yorkshire
- Stephenson Railway Museum, West Chirton, Tyne and Wear

...

窄軌距
Narrow gauge
- Eaton Hall Railway, Cheshire – private site
- Heatherslaw Light Railway, Northumberland
- South Tynedale Railway between Alston, Cumbria and Slaggyford, Northumberland
- Threlkeld Quarry and Mining Railway, Cumbria
- West Lancashire Light Railway, Hesketh Bank, Lancashire
- Woodhorn Narrow Gauge Railway, Ashington, Northumberland

...

迷你軌距
Miniature gauge
- All in one Miniature Railway, Knutsford nr Allostock, Cheshire
- Blackpool Zoo Railway, Blackpool, Lancashire
- Brookside Miniature Railway, Poynton, Cheshire
- Dragon Miniature Railway, Marple, nr Stockport, Greater Manchester
- High Legh Miniature Railway, High Legh, Cheshire
- Kirklees Light Railway, Clayton West, West Yorkshire
- Knowsley Safari Park Railway, Knowsley, Merseyside
- Halton Miniature Railway, Runcorn, Cheshire
- Lakeside Miniature Railway, Pleasureland Southport, Merseyside
- North Bay Railway, Scarborough, North Yorkshire
- Pleasure Beach Express, Blackpool Pleasure Beach, Lancashire
- Pugneys Light Railway, Wakefield, West Yorkshire
- Ravenglass & Eskdale Railway, Cumbria
- Wirral Model Engineering Society, Royden Park, Wirral, Merseyside
- Saltburn Miniature Railway, Saltburn, North Yorkshire
- South Park Miniature Railway, Cheadle Hulme, Greater Manchester
- Teesside Small Gauge Railway, Preston Park, Stockton-on-Tees
- Walton Park Miniature Railway, Sale, Greater Manchester
- Woodhorn Narrow Gauge Railway, Ashington, Northumberland
- Windmill Farm Railway, Bursough, Lancashire

...

城市軌道交通 路面電車
Tramways
- Wirral Tramway
- Beamish Museum, County Durham

- Bradford Industrial Museum, Eccleshill, (nr Bradford), West Yorkshire
- Heaton Park Tramway, Manchester, Greater Manchester
- Shipley Glen Tramway, Shipley, West Yorkshire
- South Yorkshire Transport Museum, Aldwarke, Rotherham, South Yorkshire
- Wirral Transport Museum and Heritage Tramway, Birkenhead, Merseyside

• • •

４ 東南地區
South East

標準軌距
Standard gauge

- Bluebell Railway, Sheffield Park, Sussex
- Chatham Historic Dockyard Railway, Kent
- Chinnor & Princes Risborough Railway, Chinnor, Oxfordshire
- Cholsey & Wallingford Railway, Wallingford, Oxfordshire
- East Kent Railway, Shepherdswell, Kent
- Fawley Hill Railway, Buckinghamshire
- Isle of Wight Steam Railway, Havenstreet, Isle of Wight
- Kent & East Sussex Steam Railway, Tenterden, Kent
- Lavender Line, Isfield, East Sussex
- Mid Hants Railway, The Watercress Line, New Alresford, Hampshire
- Rother Valley Railway, Robertsbridge, East Sussex (land purchases in progress)
- Spa Valley Railway, Royal Tunbridge Wells, Kent

• • •

鐵道保存中心與博物館
Railway centres and museums

- Buckinghamshire Railway Centre, Quainton Road, Buckinghamshire
- Didcot Railway Centre, Didcot, Oxfordshire
- Finmere railway station, Buckinghamshire (private site)

- London Transport Museum, Covent Garden, Central London
- London Transport Museum Depot, Acton, West London
- Southall Railway Centre, Southall, West London

• • •

窄軌距
Narrow gauge

- Amberley Museum Railway, Amberley, West Sussex
- Great Bush Railway, Tinkers Park, Hadlow Down, East Sussex
- Bredgar & Wormshill Light Railway, near Sittingbourne, Kent
- Exbury Gardens Railway, Beaulieu, Hampshire
- Hayling Seaside Railway, Hayling Island, Hampshire
- Hollycombe Steam Collection, near Liphook, Hampshire
- Hythe Pier Ferry Railway, Hampshire
- Old Kiln Light Railway, Rural Life Centre, Reeds Road, Tilford, Farnham, Surrey
- Hampton & Kempton Waterworks Railway, Hanworth/Hampton, London.
- London Museum of Water & Steam, Kew Bridge, Brentford, London
- Mail Rail, former London Post Office Railway opened to public since 2017
- Romney, Hythe & Dymchurch Railway, Kent
- Sittingbourne & Kemsley Light Railway, Kent
- Volk's Electric Railway, Brighton, East Sussex

• • •

迷你軌距
Miniature gauge

- Bekonscot Light Railway, Beaconsfield, Buckinghamshire
- Blenheim Park Railway, Blenheim Palace, Oxfordshire
- Beech Hurst Park Miniature Railway, Haywards Heath, West Sussex
- Crowborough Miniature Railway, Crowborough, East Sussex
- Eastleigh Lakeside Steam Railway, Hampshire

- Frimley Lodge Park Railway, Surrey
- Great Cockcrow Railway, Chertsey, Surrey
- Harlington Locomotive Society, Hayes, Middlesex
- Hastings Miniature Railway, Hastings Seafront, East Sussex
- Ickenham Miniature Railway, Ickenham, London
- Malden District Society of Model Engineers, Thames Ditton, Surrey
- Marwell Zoo Railway, Colden Common, Hampshire
- Moors Valley Railway, near Ringwood, Hampshire
- Reading Society of Model Engineers, Reading Berkshire
- Royal Victoria Railway, Southampton, Hampshire
- Ruislip Lido Railway, Ruislip, London
- South Downs Light Railway, Pulborough, West Sussex
- Watford Miniature Railway, Cassiobury Park, Watford, Hertfordshire
- Woking Miniature Railway, Knaphill, Surrey

• • •

５ 西南地區
South West

標準軌距
Standard gauge

- Avon Valley Railway, Bitton, Gloucestershire
- Bodmin & Wenford Railway, Bodmin, Cornwall
- Bristol Harbour Railway, Bristol
- Dartmouth Steam Railway, Paignton, Devon
- Dean Forest Railway, Norchard, Gloucestershire
- East Somerset Railway, Cranmore, Somerset
- Helston Railway, Prospidnick, Cornwall
- Plym Valley Railway, Marsh Mills, Devon
- Somerset & Dorset Railway, Midsomer Norton, Somerset
- South Devon Railway, Buckfastleigh, Devon

- Swanage Railway, Swanage, Dorset
- Swindon & Cricklade Railway, Blunsdon, Wiltshire
- West Somerset Railway, Minehead, Somerset

...

鐵道保存中心與博物館
Railway centres and museums
- Bideford Railway Heritage Centre, Devon
- Shillingstone Railway Project, Shillingstone, Dorset
- Steam - Museum of the Great Western Railway, Swindon, Wiltshire
- Yeovil Railway Centre, Yeovil, Somerset

...

窄軌距
Narrow gauge
- Bicton Woodland Railway, Devon
- Devon Railway Centre, Bickleigh, Devon
- Exmoor Steam Railway, Devon - private site
- Gartell Light Railway, Templecombe, Somerset
- Launceston Steam Railway, Launceston, Cornwall
- Lea Bailey Light Railway. Gloucestershire / Herefordshire border
- Lynbarn Railway, Devon
- Lynton & Barnstaple Railway, Woody Bay, Devon
- Morwellham Quay Open Air Museum, Devon
- Westonzoyland Pumping Station Museum, Somerset

...

迷你軌距
Miniature gauge
- Beer Heights Light Railway, Devon
- Berkeley Light Railway, Gloucestershire
- Exmouth Miniature Railway, Devon
- Gorse Blossom Farm Railway, Devon
- Lappa Valley Steam Railway, Cornwall
- Longleat Railway, Wiltshire
- Moors Valley Railway, Ashley Heath,

Dorset
- Perrygrove Railway, Coleford, Gloucestershire
- Porterswick Junction Light Railway, Cornwall
- Bickington Steam Railway, Trago Mills, Devon

...

城市軌道交通　路面電車
Tramways
- Seaton Tramway, Seaton, Devon

...

6 西中部地區
West Midlands

標準軌距
Standard gauge
- Cambrian Heritage Railways, Oswestry and Llynclys, Shropshire
- Chasewater Railway, Staffordshire
- Churnet Valley Railway, Cheddleton, Staffordshire
- Foxfield Light Railway, Blythe Bridge, Staffordshire

- Gloucestershire Warwickshire Railway, Toddington, Gloucestershire and Broadway, Worcestershire
- Kingfisher Line. Titley, Herefordshire -private site
- Rowden Mill & Fencote Railway, Herefordshire - private site
- Severn Valley Railway, Bridgnorth, Shropshire
- Telford Steam Railway, Horsehay, Shropshire

...

鐵道保存中心與博物館
Railway centres and museums
- Coleford Great Western Railway Museum, Coleford, Gloucestershire
- Tyseley Railway Centre, Tyseley, Warwickshire
- Winchcombe Railway Museum, Winchcombe, Gloucestershire

...

窄軌距
Narrow gauge
- Amerton Railway, Staffordshire

- Apedale Valley Light Railway, Chesterton, Newcastle Under Lyme, Staffordshire
- Bromyard and Linton Light Railway, Bromyard, Herefordshire -private site
- Moseley Railway Trust, Chesterton, Newcastle-under-Lyme, Staffordshire
- North Gloucestershire Railway, Toddington, Gloucestershire
- Perrygrove Railway, Gloucestershire
- Rudyard Lake Steam Railway, Rudyard, Staffordshire
- Statfold Barn Railway, Tamworth, Staffordshire -private site

...

迷你軌距
Miniature gauge
- Broomy Hill Railway, Herefordshire
- Downs Light Railway, Colwall, Worcestershire (also the oldest private miniature railway worldwide)
- Echills Wood Railway, Kingsbury Waterpark, Warwickshire
- Evesham Vale Light Railway, Evesham Country Park, Worcestershire
- Weston Park Railway, Shropshire

...

城市軌道交通　路面電車
Tramways
- Black Country Living Museum, Dudley, West Midlands

...

7 北愛爾蘭
Northern Ireland

寬軌距
Broad gauge
- Downpatrick and County Down Railway, County Down

...

鐵道保存中心與博物館
Railway centres and museums
- Railway Preservation Society of Ireland, Whitehead, County Antrim
- Ulster Folk and Transport Museum, Cultra

...

窄軌距
Narrow gauge
- Foyle Valley Railway, County Londonderry
- Giant's Causeway and Bushmills Railway, County Antrim
- Peatlands Park Railway, County Armagh

...

8 蘇格蘭
Scotland

標準軌距
Standard gauge
- Keith & Dufftown Railway, Dufftown, Banffshire and Keith, Morayshire
- Strathspey Railway, Aviemore, Highland
- Bo'ness & Kinneil Railway, Bo'ness, Falkirk
- Fife Heritage Railway, Leven, Fife
- Caledonian Railway, Brechin, Angus
- Royal Deeside Railway, Milton of Crathes, Aberdeenshire
- Lathalmond Railway Museum, Lathalmond, Fife
- Waverley Route Heritage Association, Whitrope, Roxburghshire
- Doon Valley Railway, Dunaskin - Waterside, East Ayrshire

...

鐵道保存中心與博物館
Railway centres and museums
- Ferryhill Railway Heritage Trust

- Glasgow Museum of Transport
- Invergarry & Fort Augustus Railway Museum
- Lathalmond Railway Museum, Lathalmond, Fife

...

窄軌距
Narrow gauge
- Alford Valley Railway, Alford, Aberdeenshire

- Leadhills and Wanlockhead Railway, South Lanarkshire

...

迷你軌距
Miniature gauge
- Craigtoun Miniature Railway, St Andrews, Fife
- Ness Islands Railway, Inverness
- Vogrie Park Miniature Railway, Gorebridge, nr Edinburgh
- Strathaven Miniature Railway, Strathaven , South Lanarkshire

...

城市軌道交通 路面電車
Tramways
- Summerlee Heritage Park Coatbridge, North Lanarkshir

...

9 威爾斯
Wales

北威爾斯
North Wales

標準軌距
Standard gauge
- Llangollen Railway, Llangollen, Denbighshire

...

鐵道保存中心與博物館
Railway centres and museums
- Conwy Valley Railway Museum, Betws-y-Coed, Conwy

- Narrow Gauge Railway Museum, Tywyn, Gwynedd
- Penrhyn Castle Railway Museum, Bangor, Gwynedd

...

窄軌距
Narrow gauge
- Bala Lake Railway, Llanuwchllyn, Gwynedd
- Ffestiniog Railway, Porthmadog to Blaenau Ffestiniog, Gwynedd
- Llanberis Lake Railway, Llanberis, Gwynedd

- Penrhyn Quarry Railway, Bethesda, Gwynedd
- Snowdon Mountain Railway, Llanberis, Gwynedd

- Welsh Highland Heritage Railway, Porthmadog, Gwynedd
- Welsh Highland Railway, Caernarfon to Porthmadog, Gwynedd

...

迷你軌距
Miniature gauge
- Conwy Valley Railway Museum Miniature Railway, Betws-y-Coed
- Fairbourne Railway, Gwynedd
- Rhyl Miniature Railway, Rhyl
- West Shore Miniature Railway, Llandudno

...

城市軌道交通 路面電車
Tramways
- Great Orme Tramway, Llandudno
- Conwy Valley Railway Museum Tramway, Betws-y-Coed

...

中威爾斯
Mid Wales

窄軌距
Narrow gauge
- Corris Railway, Gwynedd
- Talyllyn Railway, Tywyn, Gwynedd
- Welshpool & Llanfair Railway, Powys
- Vale of Rheidol Railway, Aberystwyth, Ceredigion

...

迷你軌距 Miniature gauge
- Rhiw Valley Light Railway, Berriew, Powys

...

南威爾斯
South Wales

標準軌距
Standard gauge
- Barry Tourist Railway, Vale of Glamorgan, Glamorganshire
- Gwili Railway, Bronwydd Arms, Carmarthenshire
- Llanelli and Mynydd Mawr Railway, Cynheidre, Carmarthenshire
- Pontypool & Blaenavon Railway, Monmouthshire

窄軌距
Narrow gauge

- Brecon Mountain Railway, Pant, near Merthyr Tydfil
- Margam Park Railway, Margam
- Teifi Valley Railway, Henllan near Newcastle Emlyn, Ceredigion

• • •

鐵道保存中心與博物館
Railway centres and museums

- Railway attraction, at Cefn Mably Farm Park

• • •

城市軌道交通　路面電車
Tramways

- Heath Park Electric Tramway, at Cardiff Model Engineering Society

• • •

10 英國皇室屬地
Crown dependencies

曼島
Isle of Man

- Douglas Bay Horse Tramway, Douglas
- Great Laxey Mine Railway, Laxey
- Groudle Glen Railway, Lhen Coan
- Isle of Man Railway, Douglas
- Manx Electric Railway, Derby Castle
- Snaefell Mountain Railway, Laxey
- Crogga Valley Railway, Port Soderick railway station

• • •

迷你軌距
Miniature gauge

- Orchid Line, Curraghs Wildlife Park, Curraghs

• • •

11 英吉利海峽中的群島
Channel Islands

- Alderney Railway, Alderney
- Pallot Heritage Steam Museum, Jersey

• • •

歐洲
EUROPE

因為歐洲的文資法令比較完備，對於鐵道文化的保存有利，可以自籌財源轉型觀光鐵道，這也使得歐洲文化資產鐵道，多數帶有觀光鐵道性質。多數都還有維持固定時日的觀光鐵道營運，不過受到語言的影響，難免有漏網之魚。有些可能因為組織變動而停業，大多數文化資產鐵道，仍然具有一定的代表性，提供給讀者參考。

比利時
Belgium

- Chemin de Fer à vapeur des Trois Vallées
- Chemin de Fer du Bocq
- Dendermonde-Puurs Steam Railway
- Stoomcentrum Maldegem
- ASVi museum
- Vennbahn

• • •

波士尼亞與赫塞哥維納
Bosnia and Herzegovina

- Sarajevo-Višegrad Railway

• • •

捷克
Czech Republic

- Lužná u Rakovníka - Kolešovice Railway

• • •

丹麥
Denmark

- Aabenraa VeteranbaneS, Jylland
- Amtsbanen på Als / EkleinbahnN,Als, re-establish a 6 km section of the railway from Nordborg to Universe (Danish amusement park)
- Bevaringsforeningen Gedser Remise – roundhouseS, Falster, DJK
- BjergBanenS H, Jylland
- Blovstr dbanen N, Zealand, DJK

- Bornholms Railway Museum-narrow gauge, Bornholm, future re establish a section of the former Nex bane
- Danish Railway Museum – Funen
- Djursland Railway Museum – Jylland, DJK
- Hanstholm fortressN, Jylland
- Hedelands VeteranbaneN, Sj lland
- Hjerl Hede FrilandsmuseumN, Jylland
- LimfjordsbanenH, Jylland, DJK
- Mariager-Handest VeteranbaneS, Jylland, DJK
- Museumsbanen Maribo-BandholmS, Lolland, DJK
- MY-VeterantogH, Sj lland, DJK
- Nordisk Jernbane-KlubH, Falster, DJK
- Nordsj llands VeterantogH, Sj lland
- Skjolden sholm Tram Museum – near Skjolden sholm Castle, Sj lland
- Stenvad MosebrugcenterN, Jylland
- Struer Jernbane-KlubH, Jylland
- Struer Railway Museum- Jylland
- Sydfynske VeteranjernbaneS, Fyn
- Sydjyllands VeterantogH, Jylland
- Vestsj llands VeterantogS, Sj lland, DJK
- Veteranbanen Bryrup-VradsS, Jylland
- Veteranbanen Haderslev-VojensS, Jylland, DJK
- Veterantog VesH, Jylland, DJK
- Videbæk-Skjern VeteranbaneS, Jylland
- Østsj llandske JernbaneklubH, Sj lland

• • •

芬蘭
Finland

- Jokioinen Museum Railway
- Kovjoki Museum Railway
- Porvoo Museum Railway

• • •

法國
France

- Chemin de Fer de la Baie de Somme
- Chemin de fer Touristique d'Anse
- Froissy Dompierre Light Railway
- Tarn Light Railway

• • •

德國
Germany

- Albbähnle
- Amstetten-Gerstetten line
- Augsburg Railway Park
- Bäderbahn Molli
- Bavarian Localbahn Society
- Bergische Museumsbahn
- Bochum-Dahlhausen Railway Museum
- Dampfbahn Fränkische Schweiz
- DBK Historic Railway
- Dieringhausen Railway Museum
- Döllnitzbahn
- Eisenbahnfreunde Zollernbahn
- Ettlingen-Bad Herrenalb line
- Franconian Museum Railway
- Frankfurt City Junction Line
- German Steam Locomotive Museum
- Hannoversches Stra enbahn-Museum
- Harzer Schmalspur Bahnen
- Historic Railway, Frankfurt
- Karlsruhe-Baiersbronn line
- Kleinbahn-Museum Bruchhausen-Vilsen
- Kuckucksbähle
- Mellrichstadt-Fladungen line
- Mügeln railway network
- Nördlingen-Feuchtwangen line
- Nördlingen-Gunzenhausen line
- Radebeul-Radeburg line
- Riedlhütte narrow-gauge railway

...

希臘
Greece

- Diakofto-Kalavryta Railway
- Pelion Railway

...

匈牙利
Hungary

- Children's Railway, Gyermekvasút

...

義大利
Italy

- Bernina Railway

...

拉脫維亞
Latvia

- Gulbene-Alūksne Railway
- Ventspils narrow-gauge Railway

...

荷蘭
Netherlands

- Corus Stoom IJmuiden
- Efteling Steam Train Company
- Museum Buurtspoorweg
- Steamtrain Hoorn Medemblik
- Stichting Stadskanaal Rail
- Stichting voorheen RTM
- Stoom Stichting Nederland
- Stoomtrein Goes - Borsele
- Stoomtrein Valkenburgse Meer
- Veluwse Stoomtrein Maatschappij
- Zuid-Limburgse Stoomtrein Maatschappij

...

挪威
Norway

- Old Voss Line
- Kr deren Line
- Nesttun-Os Line
- Norwegian Railway Museum in Hamar
- Rjukan Line
- Setesdal Line
- Thamshavn Line
- Urskog-H land Line
- Valdres Line

...

波蘭
Poland

- Bieszczadzka Forest Railway
- Open-air museum of the Forest Railway in Janów Lubelski
- Narrow Gauge Railway Museum in Sochaczew
- Narrow Gauge Railway Museum in Wenecja

...

羅馬尼亞
Romania

- CFF Viseu de Sus

...

聖馬利諾
San Marino

- Ferrovia Rimini-San Marino

...

塞爾維亞
Serbia

- Šargan Eight

...

斯洛伐克
Slovakia

- Čierny Hron Railway
- The Historical Logging Switchback Railway in Vychylovka, Kysuce near Nová Bystrica (Historická lesná úvra ová železnica)

...

西班牙
Spain

- Basque Railway Museum (steam railway tours)
- Gijón Railway Museum
- Philip II Train, service between Madrid and El Escorial
- Railway Museum in Vilanova (close to Barcelona)
- Strawberry train, seasonal service between Madrid and Aranjuez
- Tramvia Blau, Barcelona
- Tren dels Llacs, seasonal service between Lleida and La Pobla de Segur

...

瑞典
Sweden

- Anten-Gräfsnäs Järnväg – narrow gauge, near Gothenburg
- Association of Narrow Gauge Railways Växjö-Västervik – narrow gauge (includes a section of mixed gauge track into Västervik)
- Böda Skogsjärnväg – narrow gauge, Öland
- Dal-Västra Värmlands Järnväg – standard gauge, Värmland
- Djurgården Line (tramway) – Stockholm
- Engelsberg-Norbergs Railway – standard gauge, Västmanland
- Gotlands Hesselby Jernväg – narrow gauge, Gotland
- Jädraås-Tallås Järnväg – narrow gauge, Gästrikland
- Ohsabanan – narrow gauge, Jönköping
- Risten – Lakviks Järnväg – narrow gauge, Östergötland
- Skara – Lundsbrunns Järnvägar – narrow gauge, Västra Götaland County
- Skånska Järnvägar - standard gauge, Skåne
- Smalspårsjärnvägen Hultsfred-Västervik – narrow gauge, Småland
- Upsala-Lenna Jernväg – narrow gauge, Upsala County
- Östra Södermanlands Järnväg – narrow gauge, Södermanland

...

瑞士
Switzerland

- Blonay-Chamby Museum Railway
- Brienz Rothorn Bahn
- Dampfbahn-Verein Zürcher Oberland
- Furka Cogwheel Steam Railway
- Furka Oberalp Railway
- Pilatus Railway
- Rigi Railways
- Schynige Platte Railway
- Zürcher Museums-Bahn
- La Traction
- Sursee–Triengen Railway
- Schinznacher Baumschulbahn

亞　洲
ASIA

亞洲文化資產鐵道被西方國家列舉認定者，多數屬於過去歐洲殖民的強權所遺留的痕跡，這一點對於亞洲國家是不利的，包含日本，台灣與中國大陸皆然。以下名單，多數都還有維持固定時日的觀光鐵道營運，有些可能因為組織變動而停業，大多數文化資產鐵道，仍然具有一定的代表性，提供給讀者參考。但是我相信，在日本、台灣與中國大陸，還有許多文化資產鐵道未被發現，只是需要去宣傳發揚光大，亞洲文化資產鐵道的價值，應是不遜於歐洲的。

中國
China

- Jiayang Coal Railway
- Mengzi–Baoxiu Railway
- Qinghai–Tibet Railway
- Tiefa Steam Locomotive Tourist Attraction
- Trans Siberian Railway

...

香港
Hong Kong

- Hong Kong Tramways
- Peak Tram

...

印度
India

- Calcutta Tramways
- Darjeeling Himalayan Railway
- Kalka Shimla Railway
- Matheran Hill Railway
- Nilgiri Mountain Railway
- Kangra Valley Railway
- Palace on Wheels

...

印尼
Indonesia

- Ambarawa Railway(Museum)

- Cepu Forest Railway
- Mak Itam Steam Locomotive
- Sepur Kluthuk Jaladara

...

以色列
Israel

- The Oak Railway in kibbutz Ein Shemer

...

日本
Japan

- Narita Yume Bokujo narrow gauge railway
- Sagano Scenic Railway
- Shuzenji Romney Railway

...

巴基斯坦
Pakistan

- Khyber Railway
- Pakistan Railways Heritage Museum

...

泰國
Thailand

- The Burma-Thailand Railway Kanchanaburi

...

台灣
Taiwan

- Alishan Forest Railway

...

澳 洲 及 非 洲
AUSTRALIA AND AFRICA

受到過去大英國協的影響，澳洲文化資產鐵道數目是相當多的。非洲地區則相對較少，因為經濟較為落後，當地許多珍貴的蒸汽火車，都已經被原來殖民地國家搬回去，不過南非還是保存不少，成為當地最具代表性的文化資產。以下名單多數都還有維持固定時日的觀光鐵道營運，有些可能因為組織變動而停業，大多數文化資產鐵道，仍然具有一定的代表性，提供給讀者參考。

澳大利亞
Australia

New South Wales
(1,435 mm) gauge

- Byron Bay Train
- Cooma Monaro Railway
- Dorrigo Steam Railway & Museum
- East Coast Heritage Rail
- Glenreagh Mountain Railway
- Goulburn Rail Heritage Centre
- Illawarra Light Railway Museum—Albion Park Rail—2 ft (610 mm) gauge.
- Junee Roundhouse Railway Museum
- Lachlan Valley Railway—Cowra
- NSW Rail Museum—Thirlmere
- Oberon Tarana Heritage Railway
- Rail Motor Society—Paterson
- Richmond Vale Railway Museum
- Sydney Tramway Museum
- Valley Heights Locomotive Depot Heritage Museum—Valley Heights
- Zig Zag Railway

• • •

Victoria
(1,600 mm) gauge

- Alexandra Timber Tramway—2 ft (610mm) gauge
- Ballarat Tramway Museum—4 ft 8+1⁄2 in (1,435mm) gauge.
- Bendigo Tramways—4 ft 8+1⁄2 in (1,435mm) gauge.
- Bellarine Peninsula Railway—3 ft 6 in (1,067mm) gauge.
- Coal Creek Bush Tramway—2 ft (610mm) gauge
- Daylesford Spa Country Railway
- GreenTrail—now a rail trail
- Kerrisdale Mountain Railway & Museum—2 ft (610mm) gauge
- Mornington Railway
- Portland Cable Tram—4 ft 8+1⁄2 in (1,435mm) gauge.
- Puffing Billy Railway—2 ft 6 in (762mm) gauge.
- Red Cliffs Historical Steam Railway—2 ft (610mm) gauge.
- South Gippsland Railway (closed in January 2016)
- Victorian Goldfields Railway
- Walhalla Goldfields Railway—2 ft 6 in (762mm) gauge.
- Yarra Valley Railway

• • •

Queensland
(1,067mm) gauge

- Archer Park Rail Museum
- Atherton—Herberton Historic Railway Inc.
- Australian Society of Section Car Operators, Inc.
- Ballyhooley Steam Railway (610mm)
- Beaudesert Rail—disbanded 2003
- Big Pineapple Railway (610mm)
- Brisbane Tramway Museum (1435mm)
- Bundaberg Steam Tramway Preservation Society Inc (610mm)
- Burrum District Heritage Society (610mm)
- Cairns Kuranda Steam Limited Partnership (Savannahlander)
- Downs Explorer (originally Southern Downs Steam Railway)
- DownsSteam Tourist Railway & Museum
- Dreamworld Railway (610mm)
- Durundur Railway (610mm)
- Ginger Factory Railway (610mm)
- Kuranda Scenic Railway
- Mackay Heritage Railway
- Mary Valley Rattler
- Maryborough City Whistle Stop Inc.
- Mount Morgan Railway Museum
- Normanton to Croydon Railway—Gulflander
- Queensland Pioneer Steam Railway
- Queensland Rail Ltd (Heritage)
- Ravenshoe Railway Company
- Rockhampton Steam Tramway
- Rosewood Railway Museum—operates a two-station section of line
- Texas & Inglewood Heritage Railway Society Inc.
- Tinbeerwah Mountain Railway (610mm)

• • •

South Australia

- Eyre Peninsula Railway Preservation Society
- National Railway Museum, Port Adelaide
- Pichi Richi Railway
- SteamRanger Heritage Railway
- Steamtown Heritage Rail Centre at Peterborough
- Tramway Museum, St Kilda
- Victor Harbor Horse Drawn Tram

• • •

Western Australia
(1,067mm) gauge

- Bennett Brook Railway 2 ft (610mm) gauge
- Golden Mile Loopline
- Hotham Valley Railway
- Pemberton Tramway Company
- Wheatbelt Heritage Rail
- Collie Rail Heritage Precinct

• • •

Tasmania
(1,067mm) gauge

- Bush Mill Railway (closed in November 2004)
- Derwent Valley Railway Preservation Society
- Don River Railway
- Ida Bay Railway
- Tasmanian Transport Museum
- Wee Georgie Wood Railway 2 ft (610mm)
- West Coast Wilderness Railway

Northern Territory
(1,067mm) gauge.
· Ghan Preservation Society("The Old Ghan")

...

Australian Capital Territory
(1,435mm) gauge
· Canberra Railway Museu

...

紐西蘭
New Zealand

北島 North Island

Northland

· Bay of Islands Vintage Railway Charitable Trust
· Whangarei Steam & Model Railway Club
· Whangarei Model Engineering Club

...

Auckland

· Mainline Steam
· Glenbrook Vintage Railway
· Railway Enthusiasts Society
· The Waitakere Tramline Society
· Watercare Services
· Western Springs Railway Museum of Transport and Technology
· Whangaparaoa Narrow Gauge Railway
· Auckland Society of Model Engineers Incorporated
· Manukau Live Steamers

...

Waikato / Coromandel

· Bush Tramway Club
· DF 1501 Restoration Charitable Trust
· Driving Creek Railway
· Goldfields Railway
· Victoria Battery Tramway Society
· Te Aroha Mountain Railway
· Thames Small Gauge Railway Society
· Hamilton Model Engineers
· Cambridge Model Engineering Society Inc

· Waihi Small Gauge Railway

...

Bay of Plenty

· Rotorua - Ngongotaha Rail Trust
· Geyserland Express Trust
· Tauranga Model Marine and Engineering Club
· Eastern Bay of Plenty Model Engineering Society

...

East Cape / Hawke's Bay

· East Coast Museum of Technology
· Gisborne City Vintage Railway Inc
· Hawkes Bay Steam Society
· Ormondville Rail Preservation Group
· Hawkes Bay Model Engineering Society
· Havelock North Live Steamers & Associates

...

Taranaki

· Hooterville Heritage Charitable Trust
· Waitara Railway Preservation Society
· New Plymouth Society of Model & Experimental Engineers

...

Wairarapa

· Friends of the Fell Society Fell Engine Museum Featherston
· Pahiatua Railcar Society
· Wairarapa Railway Restoration Society, based at the Carterton railway station

...

Manawatu

· Feilding and District Steam Rail Society
· Steamrail Wanganui Incorporated
· Palmerston North Model Engineering Club Inc
· Esplanade Scenic Railway

...

Wellington

· Craven Crane Preservation Group
· Department of Conservation
· Mainline Steam
· New Zealand Railway and Locomotive Society (or see website)
· Rail Heritage Trust of New Zealand
· Rimutaka Incline Railway Heritage Trust
· Silver Stream Railway
· Steam Incorporated (Engine Shed - Paekakariki)
· Wellington and Manawatu Railway Trust
· Wellington Tramway Museum (or see website)
· Paekakariki Station Precinct Trust
· Wellington CableCar Museum
· Kapiti Miniature Railway & Model Engineering Society Inc
· Featherston Miniature Fell Society
· Maidstone Model Engineering Society
· Hutt Valley Model Engineering Society

...

南島 South Island

Nelson / Marlborough

· Blenheim Riverside Railway
· Nelson Railway Society (Founders Heritage Park)
· Picton Society of Model Engineers
· Marlborough Associated Modellers Society
· Nelson Society of Modellers

...

Westland

· Charming Creek Railway
· Reefton Historic Trust Board
· West Coast Historical & Mechanical Society, Shantytown
· Westport Railway Preservation Society

...

Canterbury

· Mainline Steam
· Ashburton Railway & Preservation Society
· Canterbury Railway Society (Ferrymead Railway)
· Canterbury Steam Preservation Society (McLeans Island Steamscene)
· Christchurch Tramway Ltd
· Diesel Traction Group

- Heritage Tramways Trust
- Midland Rail Heritage Trust
- Midland Railway Company (NZ) Ltd
- National Railway Museum of New Zealand
- Pleasant Point Museum and Railway
- Tramway Historical Society (Ferrymead Tramway)
- Weka Pass Railway
- Canterbury Society of Model & Experimental Engineers
- Christchurch Live Steamers
- Ashburton Steam Model & Engineering Club
- South Canterbury Model Engineers

...

Otago
- Oamaru Steam and Railway Restoration Society
- Otago Excursion Train Trust (part owners of Dunedin Railways)
- Otago Railway & Locomotive Society (Ocean Beach Railway)
- Project Steam (Dunedin) Inc
- The Otago Model Engineering Society
- Otago Miniature Road & Rail Society Inc

...

Southland
- Ohai Railway Board Heritage Trust
- Gore Model Engineering Club
- Southland Society of Model Engineers

...

Cook Islands
- Rarotonga Steam Railway in Cook Islands

...

南非
South Africa

- Atlantic Rail – Now defunct. Formally ran day trips from Cape Town to Simonstown using steam locomotives and heritage coaching stock

- Friends of the Rail—day trips from Hermanstad (Pretoria) using steam locomotives and heritage coaching stock
- Outeniqua Choo Tjoe—A heritage railway that has not operated since August 2006.
- Patons Country Narrow Gauge Railway—a two-foot narrow gauge heritage railway in KwaZulu-Natal, South Africa, from Ixopo to Umzimkhulu
- Reefsteamers—day trips from Johannesburg to Magaliesburg
- Rovos Rail—up-market railtours
- The Sandstone Heritage Trust—private railway operating 2 foot gauge steam locomotives
- Umgeni Steam Railway—Kloof to Inchanga, near Durban

...

厄利垂亞
Eritrean

- Massawa—Asmara Railway

...

突尼西亞
Tunisia

- Lézard rouge

...

美 洲
NORTH AMERICA

拉丁美洲文化資產鐵道數目是相當多的，而且多數屬於 NGO 私人性質，以及 NGO 非政府組織，多數得自駕開車才能到達，交通不是非常方便。以下名單多數都還有維持固定時日的觀光鐵道營運，有些可能因為組織變動而停業，大多數文化資產鐵道，仍然具有一定的代表性，提供給讀者參考。

1 北美洲
North America

加拿大
Canada

Alberta
- Alberta Railway Museum
- Alberta Prairie Railway Excursions
- Aspen Crossing Railway
- Fort Edmonton Park
- Galt Historic Railway Park - County of Warner No. 5, Alberta
- High Level Bridge Streetcar
- Heritage Park Historical Village Railway
- Rocky Mountain Rail Society
- Royal Canadian Pacific

...

British Columbia
- Alberni Pacific Railway
- BC Forest Discovery Centre
- Fort Steele Steam Railway (also known as the East Kootenay Railway Co).
- Fraser Valley Heritage Railway
- Kamloops Heritage Railway
- Kettle Valley Steam Railway
- Nelson Electric Tramway
- West Coast Railway Association (future railway)

...

Manitoba
- Prairie Dog Central Railway

...

Saskatchewan
- Southern Prairie Railway
- Wheatland Express Excursion Train

...

Ontario
- Agawa Canyon Railway
- Halton County Radial Railway
- Port Stanley Terminal Rail
- Port Elgin and North Shore Railroad
- South Simcoe Railway
- Toronto Transportation Commission operates a historical bus and streetcar fleet for charter.
- Waterloo Central Railway

- York Durham Heritage Railway Huntsville and Lake of Bays Transportation Company

...

Quebec

- Canadian Railway Museum
- Charlevoix Railway
- Train touristique de Charlevoix Inc.
- Hull-Chelsea-Wakefield Railway, defunct.

...

Yukon

- White Pass and Yukon Route

...

Former heritage railways

- Whitehorse trolley
- Hull-Chelsea-Wakefield Railway
- Vancouver Downtown Historic Railway

...

美國
United States

- Abilene and Smoky Valley Railroad
- Arcade and Attica Railroad
- Black Hills Central Railroad
- Black River and Western Railroad
- Boone and Scenic Valley Railroad
- Branson Scenic Railway
- California Western Railroad (AKA, The Skunk Train)
- Cass Scenic Railroad State Park
- Conway Scenic Railroad
- Cumbres and Toltec Scenic Railroad
- Cuyahoga Valley Scenic Railroad
- Durango and Silverton Narrow Gauge Railroad
- East Broad Top Railroad and Coal Company
- Everett Railroad
- Georgetown Loop Railroad
- Grand Canyon Railway
- Great Smoky Mountains Railroad
- Heber Valley Railroad
- Hocking Valley Scenic Railway
- Huckleberry Railroad
- Mount Rainier Railroad and Logging Museum
- Mount Washington Cog Railway

- Nevada Northern Railway
- New Hope Railroad
- Niles Canyon Railway
- Oregon Coast Scenic Railroad
- Reading Blue Mountain and Northern Railroad
- Rio Grande Scenic Railroad
- Steamtown National Historic Site
- Strasburg Rail Road
- Sumpter Valley Railway
- Tennessee Valley Railroad Museum
- Texas State Railroad
- Valley Railroad Company (AKA, The Essex Steam Train)
- Western Maryland Scenic Railroad
- White Pass and Yukon Route
- Wilmington and Western Railroad

...

② 中美洲
Oentral America

墨西哥
Mexico

- Chihuahua al Pacífico (Copper Canyon)
- Ferrocarril Interoceanico
- Tequila Express

...

巴貝多
Barbados

- St. Nicholas Abbey Heritage Railway

...

聖基茨島
St. Kitts

- St. Kitts Scenic Railway

...

③ 南美洲
South America

阿根廷
Argentina

- The Old Patagonian Express
- Capilla del Señor Historic Train, in Buenos Aires Province
- Old Patagonian Express, Patagonia

- Train at the End of the World in Tierra del Fuego, Tierra del Fuego
- Tren a las Nubes, Salta
- Tren Histórico de Bariloche, Patagonia (British-built 1912, 4-6-0 steam locomotive to Perito Moreno glacier)
- Villa Elisa Historic Train in Entre Ríos Province

...

巴西
Brazil

- Estrada de Ferro Central do Brasil
- Rede Mineira de Via ão
- Corcovado Rack Railway
- Estrada de Ferro Oeste de Minas
- Estrada de Ferro Perus Pirapora
- Serra Verde Express
- Train of Pantanal
- Trem da Serra da Mantiqueira
- Trem das Águas
- Via ão Férrea Campinas Jaguariúna

...

智利
Chile

- Colchaguac Wine Train (a Bayer Peacock 2-6-0)
- Tren de la Araucanía Temuco to Victoria (1953 Baldwin 4-8-2)

...

哥倫比亞
Colombia

- Tren Turistico De La Sabana, Bogota

...

厄瓜多爾
Ecuador

- Tren Crucero Ecuador

...

秘魯
Peru

- Ferrocarril Santa Ana

...

世界鐵道大探索 02

世界的觀光鐵道：
精選 30 多個文化資產鐵道
與 15 條觀光鐵道

作者 蘇昭旭

社　　　長	陳蕙慧
副 總 編 輯	陳怡璇
特 約 主 編	胡儀芬
責 任 編 輯	胡儀芬
美 術 設 計	Dot SRT 蔡尚儒
繪　　　圖	吳子平 (P101、P136、P155、P158、P164、P200、P219、P223)
行 銷 企 畫	陳雅雯、余一霞

讀書共和國集團社長	郭重興
發 行 人	曾大福
出　　　版	木馬文化事業股份有限公司
發　　　行	遠足文化事業股份有限公司
地　　　址	231 新北市新店區民權路 108-4 號 8 樓
電　　　話	02-2218-1417
傳　　　真	02-8667-1065
E m a i l	service@bookrep.com.tw
郵 撥 帳 號	19588272 木馬文化事業股份有限公司
客 服 專 線	0800-2210-29
印　　　刷	呈靖彩藝有限公司

2022（民 111）年 6 月初版
2022 年（民 111 年）12 月初版二刷　定價 650 元

ISBN 978-626-314-206-0
ISBN 978-626-314-208-4（PDF）
ISBN 978-626-314-211-4（EPUB）